KB041751

한중

형사법률
용어사전

박지성 편저

박영사

"犯了罪，不管有没有钱，有没有靠山，
都要让他付出相应的代价，这不正是我们警察该做的事吗？"
(죄를 지었으면 돈이 많든 백이 있든,
거기에 맞게 죗값을 받게 해야죠. 그게 우리 경찰이 해야 할 일이잖습니까?)

— 드라마 '시그널(중국명: 信号)' 대사 중에서 —

머리말

　한국과 중국은 같은 한자문화권에 속하기 때문에, 법률용어도 동일하게 표현하는 경우가 적지 않습니다. 그러나 같은 한자이지만 의미가 다른 경우도 상당부분 존재합니다. 예컨대 한자어 '수사(搜査)'는 중국 형사소송법에서 대물적 강제처분인 '수색'을 의미합니다. 한국어 '수사'는 중국어 '侦查'로 통역함이 정확합니다. 또한 한자어 '구속(拘束)'은 중국어로 '속박하다, 제한하다'에 가깝습니다. 한국어 '구속'은 중국 형사소송법의 가장 엄중한 대인적 강제처분인 '逮捕'로 통역하는 것이 적절합니다. 국내 대부분 중국어 사전처럼 '체포'를 한자어 그대로 '逮捕'로 통역한다면, 중국인은 구속으로 이해할 것입니다.

　통역에 정답은 없습니다. 한국과 중국의 사회적·문화적 배경이 다르고, 특히 사법체계의 차이로 그 개념이 정확하게 일치하지는 않습니다. 따라서 한자어를 중국어로 그대로 직역하면 의미와 맥락이 온전히 전달되지 않는 경우가 발생합니다. 같은 한자문화권에 속해 있는 것이 영어권, 유럽권보다 오히려 잘못된 통역을 초래하기 쉬울 수도 있습니다. 통역은 그 뜻을 정확하게 전달하는 것이 목적이므로, 가능한 한 중국어의 뉘앙스에 맞게 통역하는 것이 바람직할 것입니다.

　이 사전은 수사에서 재판까지 한국 형사절차에서 사용 빈도가 높은 용어 5,000여 개를 골라 수록하였습니다. 형법과 형사소송법 조문에 기재된 용어뿐만 아니라 수사 및 재판과정에서 사용되는 다양한 용어들도 취급하였습니다. 양국의 법적·제도적 차이로 대응되는 어휘를 찾기 쉽지 않았으나, 중국에 소개된 한국 형사법 관련 책자와 논문, 바이두(百度), 중국 경찰드라마 등을 최대한 활용하였습니다. 그럼에도 불구하고 전문통역사가 아닌 저자의 한계로 인하여 일부 오류가 있더라도 양해해 주시기 바랍니다.

이 사전은 저자가 출간한 『중국어 사법통역 이론과 사례 ─ 형사사건을 중심으로』에 수록된 '한중 형사용어 대조표' 어휘를 일부 수정 및 대폭 확대한 것입니다. 아무쪼록 이 책이 한국 형사법률용어의 중국어 표현에 관심 있는 분, 사법통역사 또는 외사경찰을 준비하고 계신 분들에게 도움이 되었으면 합니다.

끝으로 이 사전의 출판에 많은 도움을 주신 박영사 측에 감사의 말씀을 드립니다.

2021년 4월
박지성

목 차

일러두기

1. 이 사전은 출발어(원어)를 한국어로, 도착어(번역어)를 중국어로 설정하였다.
2. 한국어는 ㄱ, ㄴ, ㄷ, ㄹ 순으로 배열하였고, 그에 대응하는 중국어에 병음과 성조를 표기하여 사용자의 편리를 고려하였다.
3. 한국어는 가급적 명사형으로 짧게 표기하였고, 중국어는 기본어순인 '동사＋목적어' 순으로 배열하였다.
4. 한국어에 대응하는 중국어가 두 가지 이상일 경우, 지면관계상 빈번하게 사용되는 두 가지 표현만 ";" 표시로 나열하였다.
5. 생략해도 되는 글자는 ()로 처리하였다.
6. 광역수사대, 공연음란죄 등 중국에 없는 조직이나 죄명은 한자어를 그대로 사용하거나 중국식 표현으로 표기하였다.
7. 정확히 대응하지는 않으나 전체적으로 유사한 개념의 중국어 표현이 있을 경우, 해당 중국어 표현을 그대로 사용하였다.
8. 한국어에 대응하는 중국어 표현이 없을 경우, 원래 한국어의 뜻을 최대한 반영하여 번역하였다.

한중 형사법률용어사전

ㄱ

가감적 신분	加减身份	jiājiǎnshēnfèn
가납판결	临时缴纳判决	línshíjiǎonàpànjué
가담	参与	cānyù
	参加	cānjiā
가명	假名	jiǎmíng
	化名	huàmíng
가명계좌	假名账户	jiǎmíngzhànghù
가벌성	可罚性	kěfáxìng
가볍게 처벌하다	从轻处罚	cóngqīngchǔfá
가상공간	虚拟空间	xūnǐkōngjiān
가상화폐	虚拟货币	xūnǐhuòbì
가석방	假释	jiǎshì
가석방기간	假释期间	jiǎshìqījiān
	假释考验期	jiǎshìkǎoyànqī
가석방의 실효	假释失效	jiǎshìshīxiào
가석방의 요건	假释条件	jiǎshìtiáojiàn
가석방의 취소	假释撤销	jiǎshìchèxiāo
가설적 인과관계	假设的因果关系	jiǎshèdeyīnguǒguānxi
가스 · 전기공급방해죄	妨害供应煤气、电力罪	fánghàigōngyìngméiqì diànlìzuì
가스 · 전기공급방해치사죄	妨害供应煤气、电力致死罪	fánghàigōngyìngméiqì diànlìzhìsǐzuì
가스 · 전기공급방해치상죄	妨害供应煤气、电力致伤罪	fánghàigōngyìngméiqì diànlìzhìshāngzuì
가스 · 전기방류죄	放流煤气、电力罪	fàngliúméiqìdiànlìzuì
가스 · 전기방류치사죄	放流煤气、电力致死罪	fàngliúméiqìdiànlìzhìsǐzuì

가스 · 전기방류치상죄	放流煤气、电力致伤罪	fàngliúméiqìdiànlìzhì shāngzuì
가스통	煤气罐	méiqìguàn
	煤气瓶	méiqìpíng
가슴	胸部	xiōngbù
가시거리	能见度	néngjiàndù
가압류	假扣押	jiǎkòuyā
	临时扣押	línshíkòuyā
가언규범	假言规范	jiǎyánguīfàn
가입자	用户	yònghù
가정(假定)	假定	jiǎdìng
가정배경	家庭背景	jiātíngbèijǐng
가정법원	家庭法院	jiātíngfǎyuàn
	家事法院	jiāshìfǎyuàn
가정불화	家庭不和(睦)	jiātíngbùhe(mù)
	家庭纠纷	jiātíngjiūfēn
가정파탄	家庭破裂	jiātíngpòliè
가정폭력	家庭暴力	jiātíngbàolì
	家暴	jiābào
가정형편	家境	jiājìng
	家庭经济状况	jiātíngjīngjìzhuàngkuàng
가정환경	家庭环境	jiātínghuánjìng
가족	家人	jiārén
	家属	jiāshǔ
가족관계	家庭情况	jiātíngqíngkuàng
	家庭关系	jiātíngguānxi
가족구성원	家庭成员	jiātíngchéngyuán
가족접견실	家属会见室	jiāshǔhuìjiànshì
가중감경	加重减轻	jiāzhòngjiǎnqīng
가중적 구성요건	加重的构成要件	jiāzhòngdegòuchéngyàojiàn
가중주의	加重主义	jiāzhòngzhǔyì
가중처벌	加重处罚	jiāzhòngchǔfá
가집행	假执行	jiǎzhíxíng
	临时执行	línshízhíxíng

ㄱ
ㄴ
ㄷ
ㄹ
ㅁ
ㅂ
ㅅ
ㅇ
ㅈ
ㅊ
ㅋ
ㅌ
ㅍ
ㅎ

가처분	假处分	jiǎchǔfèn
	临时处分	línshíchǔfèn
가치교량	价值衡量	jiàzhíhéngliang
가해자	加害人	jiāhàirén
	加害者	jiāhàizhě
가해정도	加害程度	jiāhàichéngdù
가혹행위	苛酷行为	kēkùxíngwéi
가환부	临时退还	línshítuìhuán
	临时返还	línshífǎnhuán
각목	木方	mùfāng
	方木	fāngmù
각서	保证书	bǎozhèngshū
각하1)	驳回	bóhuí
간선도로	干线公路	gànxiàngōnglù
	主干公路	zhǔgàngōnglù
간수자	看守人(员)	kānshǒurén(yuán)
간수자 도주원조죄	看守人员帮助脱逃罪	kānshǒurényuánbāngzhùtuōtáozuì
간수자 있는 가옥	有看守人的住宅	yǒukānshǒuréndezhùzhái
간수하는 저택	看守的住宅	kānshǒudezhùzhái
간음	奸淫	jiānyín
간음목적 약취유인죄	以奸淫为目的掠取诱引罪	yǐjiānyínwéimùdìlüèqǔyòuyǐnzuì
간이검사2)	简易检查	jiǎnyìjiǎnchá
간이공판절차	简易审判程序	jiǎnyìshěnpànchéngxù
간이공판절차에 회부하다	适用简易审判程序	shìyòngjiǎnyìshěnpànchéngxù
간이절차	简易程序	jiǎnyìchéngxù
간인	骑缝章	qífèngzhāng
간인하다	(加)盖骑缝章	(jiā)gàiqífèngzhāng
간접강제	间接强制	jiànjiēqiángzhì
간접교사	间接教唆	jiànjiējiàosuō
간접사인	间接死因	jiànjiēsǐyīn
간접원인	间接原因	jiànjiēyuányīn
간접점유	间接占有	jiànjiēzhànyǒu

간접정범	间接正犯	jiànjiēzhèngfàn
간접증거	间接证据	jiànjiēzhèngjù
간주	视为	shìwéi
	看做	kànzuò
간질병	癫痫病	diānxiánbìng
간첩죄	间谍罪	jiàndiézuì
간통죄3)	通奸罪	tōngjiānzuì
간파	看穿	kànchuān
	看透	kàntòu
간행물	报刊	bàokān
	刊物	kānwù
갈등	矛盾	máodùn
	分歧	fēnqí
갈등을 풀다	化解矛盾	huàjiěmáodùn
	协调矛盾	xiétiáomáodùn
갈비뼈	肋骨	lèigǔ
갈음	代替	dàitì
	替换	tìhuàn
감경	减轻	jiǎnqīng
감경적 구성요건	减轻的构成要件	jiǎnqīngdegòuchéng yàojiàn
감금	监禁	jiānjìn
감독	监督	jiāndū
감독기관	监督机关	jiāndūjīguān
감독책임	监督责任	jiāndūzérèn
감면	减免	jiǎnmiǎn
감방	牢房	láofáng
	囚室	qiúshì
감별	甄别	zhēnbié
감봉	减薪	jiǎnxīn
	罚薪	fáxīn
감속	减速	jiǎnsù
감수	甘心接受	gānxīnjiēshòu
	甘愿承受	gānyuànchéngshòu
감시	监视	jiānshì

감시소홀	监视疏忽	jiānshìshūhū
감식	勘查	kānchá
감식결과	勘查结果	kānchájiéguǒ
감옥	监狱	jiānyù
감전	触电	chùdiàn
감전사	电(击)死	diàn(jī)sǐ
감정(鑑定)	鉴定	jiàndìng
감정기복	情绪起伏	qíngxùqǐfú
	情绪波动	qíngxùbōdòng
감정료	鉴定费	jiàndìngfèi
감정변화	情绪变化	qíngxùbiànhuà
	情感变化	qínggǎnbiànhuà
감정보고	鉴定报告	jiàndìngbàogào
감정서	鉴定书	jiàndìngshū
감정싸움	感情纠纷	gǎnqíngjiūfēn
감정위촉	鉴定委托	jiàndìngwěituō
감정유치	鉴定留置	jiàndìngliúzhì
감정유치장	鉴定留置票	jiàndìngliúzhìpiào
감정인	鉴定人	jiàndìngrén
감정장애	情感障碍	qínggǎnzhàng'ài
감정증인	鉴定证人	jiàndìngzhèngrén
감정처분허가장	鉴定处分许可证	jiàndìngchǔfènxǔkězhèng
감청	监听	jiāntīng
감청설비	监听设备	jiāntīngshèbèi
감형	减刑	jiǎnxíng
감호	监护	jiānhù
감호영장	监护令(状)	jiānhùlìng(zhuàng)
감호의무자	监护义务人	jiānhùyìwùrén
감호인	监护人	jiānhùrén
감호처분	监护处分	jiānhùchǔfèn
갑질	作威作福	zuòwēizuòfú
	仗势欺人	zhàngshìqīrén
강간살인죄	强奸杀人罪	qiángjiānshārénzuì
강간상해죄	强奸伤害罪	qiángjiānshānghàizuì
강간죄	强奸罪	qiángjiānzuì

강간치사죄	强奸致死罪	qiángjiānzhìsǐzuì
강간치상죄	强奸致伤罪	qiángjiānzhìshāngzuì
강도강간죄	抢劫强奸罪	qiǎngjiéqiángjiānzuì
강도살인죄	抢劫杀人罪	qiǎngjiéshārénzuì
강도상해죄	抢劫伤害罪	qiǎngjiéshānghàizuì
강도죄	抢劫罪	qiǎngjiézuì
	强盗罪	qiángdàozuì
강도치사죄	抢劫致死罪	qiǎngjiézhìsǐzuì
강도치상죄	抢劫致伤罪	qiǎngjiézhìshāngzuì
강등	降职	jiàngzhí
	降级	jiàngjí
강력반	重案组	zhòng'ànzǔ
강력한 증거	强有力(的)证据	qiángyǒulì(de)zhèngjù
강박상태	强迫状态	qiǎngpòzhuàngtài
강박증	强迫症	qiángpòzhèng
강요된 행위	被强迫的行为	bèiqiángpòdexíngwéi
강요죄	要挟罪	yāoxiézuì
	强迫罪	qiángpòzuì
강제규정	强制规定	qiángzhìguīdìng
강제노역	强制劳役	qiángzhìláoyì
강제소환	强制传唤	qiángzhìchuánhuàn
강제송환	强制遣返	qiángzhìqiǎnfǎn
	遣返回国	qiǎnfǎnhuíguó
강제수사	强制侦查	qiángzhìzhēnchá
강제연행	强行带走	qiángxíngdàizǒu
	强行拽走	qiángxíngzhuàizǒu
강제조사권	强制调查权	qiángzhìdiàocháquán
강제집행	强制执行	qiángzhìzhíxíng
강제집행면탈죄	逃避强制执行罪	táobìqiángzhìzhíxíngzuì
강제채혈	强制抽血	qiángzhìchōuxiě
강제처분4)	强制措施	qiángzhìcuòshī
	强制处分	qiángzhìchǔfèn
강제추방	驱逐出境	qūzhúchūjìng
강제추행죄	强制猥亵罪	qiángzhìwěixièzuì

강취	强迫取得	qiángpòqǔdé
	强取	qiángqǔ
강타	猛击	měngjī
	猛打	měngdǎ
개과천선	改邪归正	gǎixiéguīzhèng
	悔过自新	huǐguòzìxīn
개괄적 고의	概括故意	gàikuògùyì
개방성 손상	开放性损伤	kāifàngxìngsǔnshāng
개방적 구성요건	开放的构成要件	kāifàngdegòuchéngyàojiàn
개별예방	个别预防	gèbiéyùfáng
개별입법	个别立法	gèbiélìfǎ
개별적 행위가능성	个别的行为可能性	gèbiédexíngwéikěnéngxìng
개봉	拆封	chāifēng
개연성	盖然性	gàiránxìng
개인경력	个人经历	gèrénjīnglì
개인식별정보	个人识别信息	gèrénshíbiéxìnxī
개인적 법익	个人法益	gèrénfǎyì
개인적 영역	私人领域	sīrénlǐngyù
	个人领域	gèrénlǐngyù
개인적 원인	个人原因	gèrényuányīn
개인적 친분	私人交情	sīrénjiāoqing
	私交	sījiāo
개인정보	个人信息	gèrénxìnxī
개인정보유출	泄露个人信息	xièlòugèrénxìnxī
개전의 정	悔改表现	huǐgǎibiǎoxiàn
	悔改之意	huǐgǎizhīyì
개전의 정을 보이다	确有悔改表现	quèyǒuhuǐgǎibiǎoxiàn
	表现出悔改之意	biǎoxiànchūhuǐgǎizhīyì
개전의 정이 없다	没有悔改之意	méiyǒuhuǐgǎizhīyì
	毫无悔改之意	háowúhuǐgǎizhīyì
개전의 정이 현저하다	悔改表现突出	huǐgǎibiǎoxiàntūchū
	表现出明显的悔改之意	biǎoxiànchūmíngxiǎndehuǐgǎizhīyì

개정(開廷)	开庭	kāitíng
개정(改正)	修订	xiūdìng
	修改	xiūgǎi
개정일	开庭日期	kāitíngrìqī
객관설	客观说	kèguānshuō
객관의무	客观义务	kèguānyìwù
객관적 구성요건요소	客观的构成要件要素	kèguāndegòuchéngyàojiànyàosù
객관적 귀속론	客观归属论	kèguānguīshǔlùn
객관적 기준	客观标准	kèguānbiāozhǔn
객관적 사실	客观事实	kèguānshìshí
객관적 요건	客观要件	kèguānyàojiàn
객관적 위법성	客观违法性	kèguānwéifǎxìng
객관적 정당화요소	客观的正当化要素	kèguāndezhèngdànghuàyàosù
객관적 증거	客观证据	kèguānzhèngjù
객관적 진리	客观真理	kèguānzhēnlǐ
객관적 처벌조건	客观的处罚条件	kèguāndechǔfátiáojiàn
객체의 착오	客体错误	kètǐcuòwù
거동	举止	jǔzhǐ
	形迹	xíngjì
거동범	举动犯	jǔdòngfàn
거동수상자	举止可疑(的)人	jǔzhǐkěyí(de)rén
	形迹可疑(的)人	xíngjìkěyí(de)rén
거래내역	交易明细	jiāoyìmíngxì
거소	居所	jūsuǒ
거액	巨额	jù'é
	巨款	jùkuǎn
거인양외관	巨人观	jùrénguān
거점	据点	jùdiǎn
거주국	居住国	jūzhùguó
거주지	居住地	jūzhùdì
거증책임	举证责任	jǔzhèngzérèn
	证明责任	zhèngmíngzérèn
거증책임의 전환	举证责任倒置	jǔzhèngzérèndàozhì

거짓말탐지기	测谎仪	cèhuǎngyí
거짓진술	虚假陈述	xūjiǎchénshù
	假口供	jiǎkǒugòng
건강상 이유	健康原因	jiànkāngyuányīn
	身体原因	shēntǐyuányīn
건강상태	健康状况	jiànkāngzhuàngkuàng
건달	流氓	liúmáng
	混混儿	hùnhunr
건조물	建筑物	jiànzhùwù
건축허가	建筑许可	jiànzhùxǔkě
걸음걸이	步法	bùfǎ
검거	拘捕	jūbǔ
	抓获	zhuāhuò
검거율	拘捕率	jūbǔlǜ
	抓获率	zhuāhuòlǜ
검경관계	检警关系	jiǎnjǐngguānxi
검문	盘问	pánwèn
	盘查	pánchá
검문검색	盘问检查	pánwènjiǎnchá
검문소	路卡	lùqiǎ
	检查站	jiǎncházhàn
검문소를 설치하다	设(路)卡	shè(lù)qiǎ
검사(檢查)	检查	jiǎnchá
	检验	jiǎnyàn
검사(檢事)	检察官	jiǎncháguān
검사동일체 원칙	检察一体化原则	jiǎncháyītǐhuàyuánzé
검사장	检察长	jiǎncházhǎng
검시[5]	尸表检验	shībiǎojiǎnyàn
검안서	死亡鉴定书	sǐwángjiàndìngshū
검역	检疫	jiǎnyì
검증	勘验	kānyàn
검증영장	勘验令状	kānyànlìngzhuàng
검증조서	勘验笔录	kānyànbǐlù
검찰권	检察权	jiǎncháquán
검찰청	检察厅	jiǎnchátīng

검찰측	控方	kòngfāng
	公诉人	gōngsùrén
검찰측과 변호인측	控辩双方	kòngbiànshuāngfāng
검찰항고	检察抗告	jiǎnchákànggào
게시	布告	bùgào
게임계정	游戏账号	yóuxìzhànghào
게임머니	游戏币	yóuxìbì
게임아이템	游戏道具	yóuxìdàojù
	游戏装备	yóuxìzhuāngbèi
게임중독	游戏成瘾	yóuxìchéngyǐn
겨냥	瞄准	miáozhǔn
	对准	duìzhǔn
격렬한 저항	激烈抵抗	jīlièdǐkàng
격리	隔离	gélí
격리병실	隔离病房	gélíbìngfáng
격리치료	隔离治疗	gélízhìliáo
격발	击发	jīfā
	开枪	kāiqiāng
격분	激愤	jīfèn
	激怒	jīnù
격투	格斗	gédòu
	搏斗	bódòu
견련범	牵连犯	qiānliánfàn
견인	牵引	qiānyǐn
	拖拽	tuōzhuài
견인차	拖吊车	tuōdiàochē
	清障车	qīngzhàngchē
결과반가치	结果无价值	jiéguǒwújiàzhí
결과발생을 방지할 의무	阻止结果发生的义务	zǔzhǐjiéguǒfāshēngde yìwù
결과범	结果犯	jiéguǒfàn
결과예견의무	结果预见义务	jiéguǒyùjiànyìwù
결과적 가중범	结果加重犯	jiéguǒjiāzhòngfàn
결과회피의무	结果回避义务	jiéguǒhuíbìyìwù
결백	清白	qīngbái

ㄱ
ㄴ
ㄷ
ㄹ
ㅁ
ㅂ
ㅅ
ㅇ
ㅈ
ㅊ
ㅋ
ㅌ
ㅍ
ㅎ

결백을 증명하다	证明清白	zhèngmíngqīngbái
	自证清白	zìzhèngqīngbái
결사의 자유	结社自由	jiéshèzìyóu
결석재판	缺席审判	quēxíshěnpàn
결손가정	缺损家庭	quēsǔnjiātíng
	残缺家庭	cánquējiātíng
결심공판	结案审判	jié'ànshěnpàn
결정적 단서	决定性线索	juédìngxìngxiànsuǒ
	关键(性)线索	guānjiàn(xìng)xiànsuǒ
결정적 역할	决定性作用	juédìngxìngzuòyòng
	关键(性)作用	guānjiàn(xìng)zuòyòng
결정적 증거	决定性证据	juédìngxìngzhèngjù
	关键(性)证据	guānjiàn(xìng)zhèngjù
결탁	勾结	gōujié
	勾搭	gōudā
결합범	结合犯	jiéhéfàn
결혼목적 약취유인죄	以结婚为目的掠取诱引罪	yǐjiéhūnwéimùdìlüèqǔyòuyǐnzuì
결혼이주여성	结婚移民女性	jiéhūnyímínnǚxìng
경계	境界	jìngjiè
	交界(处)	jiāojiè(chù)
경계심	警戒心	jǐngjièxīn
	戒备心	jièbèixīn
경계침범죄	侵犯境界罪	qīnfànjìngjièzuì
경고	警告	jǐnggào
경과실	轻(微)过失	qīng(wēi)guòshī
	一般过失	yìbānguòshī
경광등	警灯	jǐngdēng
경력	警力	jǐnglì
경력을 낭비하다	浪费警力	làngfèijǐnglì
경력을 배치하다	部署警力	bùshǔjǐnglì
	安排警力	ānpáijǐnglì
경매	拍卖	pāimài
경매입찰방해죄	妨害拍卖投标罪	fánghàipāimàitóubiāozuì
경미범죄	轻微犯罪	qīngwēifànzuì

경미사건	轻微案件	qīngwēi'ànjiàn
경미한 교통사고	轻微交通事故	qīngwēijiāotōngshìgù
경범죄	轻犯罪	qīngfànzuì
경범죄처벌법	轻犯罪处罚法	qīngfànzuìchǔfáfǎ
경부압박질식사	压迫颈部窒息死亡	yāpòjǐngbùzhìxīsǐwáng
	颈部被勒窒息死亡	jǐngbùbèilēizhìxīsǐwáng
경비	警备	jǐngbèi
	戒备	jièbèi
경비원	警卫	jǐngwèi
	保安(员)	bǎo'ān(yuán)
경비정	警备艇	jǐngbèitǐng
경상	轻(微)伤	qīng(wēi)shāng
경솔히 판단하다	草率判断	cǎoshuàipànduàn
	轻率判断	qīngshuàipànduàn
경신	轻信	qīngxìn
경정	更正	gēngzhèng
경제범죄	经济犯罪	jīngjìfànzuì
경제범죄수사팀6)	经济犯罪搜查队	jīngjìfànzuìsōucháduì
경제적 사정	经济情况	jīngjìqíngkuàng
경제적 손실	经济损失	jīngjìsǔnshī
경제적 어려움	经济困难	jīngjìkùnnan
경찰	警察	jǐngchá
경찰견	警犬	jǐngquǎn
경찰계급	警衔	jǐngxián
경찰관직무집행법	警察官职务执行法	jǐngcháguānzhíwùzhí xíngfǎ
경찰권	警察权	jǐngcháquán
경찰력 ⇨ 경력		
경찰서	警察署	jǐngcháshǔ
	警局	jǐngjú
경찰신분증	警察证	jǐngcházhèng
경찰실습생	见习警察	jiànxíjǐngchá
경찰의 날	警察节	jǐngchájié
경찰이미지	警察形象	jǐngcháxíngxiàng
경찰이미지를 제고하다	提升警察形象	tíshēngjǐngcháxíngxiàng

경찰장비	警用装备	jǐngyòngzhuāngbèi
경찰제복	警察制服	jǐngcházhìfú
	警服	jǐngfú
경찰성	警察厅	jǐngchátīng
경찰측	警方	jǐngfāng
경찰특공대	特警队	tèjǐngduì
경찰학교	警察学校	jǐngcháxuéxiào
	警校	jǐngxiào
경추	颈椎	jǐngzhuī
경추염좌	颈椎扭伤	jǐngzhuīniǔshāng
경한 죄	轻罪	qīngzuì
경합	竞合	jìnghé
경합가중	竞合加重	jìnghéjiāzhòng
경합범	竞合犯	jìnghéfàn
경향범	倾向犯	qīngxiàngfàn
경험법칙	经验法则	jīngyànfǎzé
계구	戒具	jièjù
	警具	jǐngjù
계략	计谋	jìmóu
	计策	jìcè
계류 중	未决	wèijué
	挂着	guàzhe
계속범	继续犯	jìxùfàn
	持续犯	chíxùfàn
계약	合同	hétong
	契约	qìyuē
계약분쟁	合同纠纷	hétongjiūfēn
계약사기	合同诈骗	hétongzhàpiàn
계약에 의한 작위의무	基于契约的作为义务	jīyúqìyuēdezuòwéiyìwù
계약자유의 원칙	契约自由原则	qìyuēzìyóuyuánzé
계좌	账户	zhànghù
계좌개설	开(账)户	kāi(zhàng)hù
계좌개설은행	开户银行	kāihùyínháng
계좌명의인	开户名	kāihùmíng
	账户名	zhànghùmíng

계좌번호	(银行)账号	(yínháng)zhànghào
계좌실명제	账户实名制	zhànghùshímíngzhì
계좌이체	转账	zhuǎnzhàng
계좌정보	账户信息	zhànghùxìnxī
계좌지급정지	停止支付账户	tíngzhǐzhīfùzhànghù
	暂停支付账户	zàntíngzhīfùzhànghù
계좌추적	追查账户	zhuīcházhànghù
	追踪账户	zhuīzōngzhànghù
계획범죄	精心策划的犯罪	jīngxīncèhuàdefànzuì
고가의 물건	高价物品	gāojiàwùpǐn
고도부패	高度腐败	gāodùfǔbài
고등검찰청	高等检察厅	gāoděngjiǎncháttīng
고등법원	高等法院	gāoděngfǎyuàn
고령범죄	高龄犯罪	gāolíngfànzuì
고리대	高利贷	gāolìdài
고문	刑讯	xíngxùn
	拷问	kǎowèn
고문에 의한 자백	刑讯逼供	xíngxùnbīgòng
고발	告发	gàofā
	举报	jǔbào
고발권	告发权	gàofāquán
	举报权	jǔbàoquán
고발의무	告发义务	gàofāyìwù
	举报义务	jǔbàoyìwù
고발인	告发人	gàofārén
	举报人	jǔbàorén
고발장	告发状	gàofāzhuàng
	举报信	jǔbàoxìn
고발취소	撤回告发	chèhuígàofā
	撤回举报	chèhuíjǔbào
고성방가	高声放歌	gāoshēngfànggē
고소	告诉	gàosù
	控告	kònggào
고소권	告诉权	gàosùquán
	控告权	kònggàoquán

고소불가분의 원칙	告诉不可分原则	gàosùbùkěfēnyuánzé
고소인	告诉人	gàosùrén
	控告人	kònggàorén
고소장	(控)告状	(kòng)gàozhuàng
	诉状	sùzhuàng
고소취소	撤回告诉	chèhuígàosù
고수익	高额收益	gāo'éshōuyì
고수익 미끼	以高额收益为诱饵	yǐgāo'éshōuyìwéiyòu'ěr
	以高回报为诱饵	yǐgāohuíbàowéiyòu'ěr
고순도 마약	高纯度毒品	gāochúndùdúpǐn
고압가스	高压煤气	gāoyāméiqì
	高压气体	gāoyāqìtǐ
고용계약	雇佣合同	gùyōnghétong
	雇佣契约	gùyōngqìyuē
고용관계	雇佣关系	gùyōngguānxi
고용인	雇主	gùzhǔ
	雇佣人	gùyōngrén
고유권	固有权	gùyǒuquán
고의	故意	gùyì
고의범	故意犯	gùyìfàn
고정된 장소	固定场所	gùdìngchǎngsuǒ
	固定地方	gùdìngdìfang
고지	告知	gàozhī
고지의무	告知义务	gàozhīyìwù
곤경	困境	kùnjìng
	窘境	jiǒngjìng
골격	骨格	gǔgé
	骨骼	gǔgé
골든타임	黄金时间	huángjīnshíjiān
	黄金时刻	huángjīnshíkè
골절	骨折	gǔzhé
공갈죄	恐吓罪	kǒnghèzuì
	敲诈勒索罪	qiāozhàlèsuǒzuì
공개변론	公开辩论	gōngkāibiànlùn
공개수사	公开侦查	gōngkāizhēnchá

공개심리	公开审理	gōngkāishěnlǐ
공개재판	公开审判	gōngkāishěnpàn
	公审	gōngshěn
공격성	攻击性	gōngjīxìng
공격행위	攻击行为	gōngjīxíngwéi
공고	公告	gōnggào
공공의 안전	公共安全	gōnggòngānquán
공공의 위험	公共危险	gōnggòngwēixiǎn
공공의 이익	公共利益	gōnggònglìyì
공공장소	公共场所	gōnggòngchǎngsuǒ
	公共场合	gōnggòngchǎnghé
공공질서	公共秩序	gōnggòngzhìxù
공권력	公权力	gōngquánlì
공금	公款	gōngkuǎn
공금횡령	贪污公款	tānwūgōngkuǎn
	挪用公款	nuóyònggōngkuǎn
공급계약	供应合同	gōngyìnghétong
	供应契约	gōngyìngqìyuē
공급책	供应商	gōngyìngshāng
	供货人	gōnghuòrén
공기호	公务符号	gōngwùfúhào
공기호부정사용죄	不当使用公务符号罪	búdàngshǐyònggōngwùfúhàozuì
공동가공의 의사	共同参加的意思	gòngtóngcānjiādeyìsi
공동변호	共同辩护	gòngtóngbiànhù
공동신청권자	共同申请权人	gòngtóngshēnqǐngquánrén
공동실행의 의사	共同实行的意思	gòngtóngshíxíngdeyìsi
공동의사	共同意思	gòngtóngyìsi
공동정범	共同正犯	gòngtóngzhèngfàn
공동피고인	共同被告人	gòngtóngbèigàorén
공매	强制拍卖	qiángzhìpāimài
공모	共谋	gòngmóu
	合谋	hémóu

공모공동정범	共谋共同正犯	gòngmóugòngtóngzhèngfàn
공무방해	妨害公务	fánghàigōngwù
공무상보관물무효죄	公务保管物品无效罪	gōngwùbǎoguǎnwùpǐnwúxiàozuì
공무상비밀	公务秘密	gōngwùmìmì
공무상비밀누설죄	泄露公务秘密罪	xièlòugōngwùmìmìzuì
공무상비밀표시무효죄	公务秘密标示无效罪	gōngwùmìmìbiāoshìwúxiàozuì
공무소	公务所	gōngwùsuǒ
	公务机关	gōngwùjīguān
공무원	公务员	gōngwùyuán
공무원이었던 자	曾是公务员的人	céngshìgōngwùyuánderén
공무원자격사칭죄	冒充公务员资格罪	màochōnggōngwùyuánzīgézuì
공무집행방해죄	妨害执行公务罪	fánghàizhíxínggōngwùzuì
공문서	公文	gōngwén
	公函	gōnghán
공문서변조죄	变造公文罪	biànzàogōngwénzuì
공문서위조죄	伪造公文罪	wěizàogōngwénzuì
공범	共犯	gòngfàn
	同案犯	tóng'ànfàn
공범관계	共犯关系	gòngfànguānxi
공범독립성설	共犯独立性说	gòngfàndúlìxìngshuō
공범종속성설	共犯从属性说	gòngfàncóngshǔxìngshuō
공법	公法	gōngfǎ
공사단체	公私团体	gōngsītuántǐ
공사소음	施工噪音	shīgōngzàoyīn
공사현장	施工现场	shīgōngxiànchǎng
	建筑工地	jiànzhùgōngdì
공상	公伤	gōngshāng
	因公受伤	yīngōngshòushāng
공소	公诉	gōngsù

공소권	公诉权	gōngsùquán
공소권남용	公诉权滥用	gōngsùquánlànyòng
공소권없음	无公诉权	wúgōngsùquán
	没有公诉权	méiyǒugōngsùquán
공소기각	驳回公诉	bóhuígōngsù
공소변경	变更公诉	biàngènggōngsù
공소불제기이유고지	不提起公诉理由的告知	bùtíqǐgōngsùlǐyóude gàozhī
공소사실	公诉事实	gōngsùshìshí
공소사실의 동일성	公诉事实同一性	gōngsùshìshítóngyīxìng
공소시효	追诉时效	zhuīsùshíxiào
공소시효 경과	已过追诉时效	yǐguòzhuīsùshíxiào
	超过追诉时效	chāoguòzhuīsùshíxiào
공소시효 만료	追诉时效到期	zhuīsùshíxiàodàoqī
공소시효 정지	追诉时效停止	zhuīsùshíxiàotíngzhǐ
공소유지	维持公诉	wéichígōngsù
	支持公诉	zhīchígōngsù
공소장	起诉书	qǐsùshū
	公诉书	gōngsùshū
공소장 변경	变更起诉书	biàngēngqǐsùshū
	变更公诉书	biàngēnggōngsùshū
공소장 부본	起诉书副本	qǐsùshūfùběn
	公诉书副本	gōngsùshūfùběn
공소장 일본주의	起诉书一本主义	qǐsùshūyìběnzhǔyì
공소제기	提起公诉	tíqǐgōngsù
공소취소	撤回公诉	chèhuígōngsù
공시	公告	gōnggào
	公示	gōngshì
공시송달	公告送达	gōnggàosòngdá
공연성	公然性	gōngránxìng
공연음란죄[7]	公然淫乱罪	gōngrányínluànzuì
공용건조물방화죄	公共建筑物放火罪	gōnggòngjiànzhùwù fànghuǒzuì
공용건조물일수죄	公共建筑物决水罪	gōnggòngjiànzhù wùjuéshuǐzuì

공용물	公共财物	gōnggòngcáiwù
공용물파괴죄	破坏公共财物罪	pòhuàigōnggòngcáiwù zuì
공용서류8)	公务文书	gōngwùwénshū
공용서류무효죄	公务文书无效罪	gōngwùwénshūwúxiào zuì
공유(公有)	公有	gōngyǒu
공유(共有)	分享	fēnxiǎng
	共享	gòngxiǎng
공유재산	公有财产	gōngyǒucáichǎn
공익	公益	gōngyì
	公共利益	gōnggònglìyì
공익건조물파괴죄	破坏公益建筑物罪	pòhuàigōngyìjiànzhùwù zuì
공익법무관	公益法务官	gōngyìfǎwùguān
공익소송	公益诉讼	gōngyìsùsòng
공익의 대표자	公益代表(人)	gōngyìdàibiǎo(rén)
공인	公印	gōngyìn
공인부정사용죄	不当使用公印罪	búdàngshǐyònggōngyìn zuì
공인위조죄	伪造公印罪	wěizàogōngyìnzuì
공인회계사	注册会计师	zhùcèkuàijìshī
공전자기록변작죄	变造公共电磁记录罪	biànzàogōnggòngdiàncí jìlùzuì
공전자기록위작죄	伪造公共电磁记录罪	wěizàogōnggòngdiàncí jìlùzuì
공정성	公正性	gōngzhèngxìng
공정증서	公正证书	gōngzhèngzhèngshū
공정증서원본부실기재죄	公正证书原本不实记载罪	gōngzhèngzhèngshū yuánběnbùshíjìzǎizuì
공조수사	协助侦查	xiézhùzhēnchá
	协查	xiéchá
공중도덕	公共道德	gōnggòngdàodé
공중밀집장소	公众聚集场所	gōngzhòngjùjíchǎngsuǒ
	人员密集场所	rényuánmìjíchǎngsuǒ

공증	公证	gōngzhèng
공증인	公证人	gōngzhèngrén
공지의 사실	众所周知的事实	zhòngsuǒzhōuzhīdeshìshí
공채증서	公债证书	gōngzhàizhèngshū
공탁	提存	tícún
공판9)	审判	shěnpàn
공판검사	公诉人	gōngsùrén
	公诉检察官	gōngsùjiǎncháguān
공판기록	审判记录	shěnpànjìlù
공판기일	审判日期	shěnpànrìqī
공판단계	审判阶段	shěnpànjiēduàn
공판연기	延期审判	yánqīshěnpàn
공판절차	审判程序	shěnpànchéngxù
공판절차의 갱신	审判程序的更新	shěnpànchéngxùde gēngxīn
공판정	审判庭	shěnpàntíng
공판조서	审判笔录	shěnpànbǐlù
	庭审笔录	tíngshěnbǐlù
공판준비절차	审前准备程序	shěnqiánzhǔnbèichéngxù
공판중심주의	审判中心主义	shěnpànzhōngxīnzhǔyì
공포(公布)	公布	gōngbù
	颁布	bānbù
공포(恐怖)	恐怖	kǒngbù
	恐惧	kǒngjù
공포상태에 빠지다	陷入恐怖状态	xiànrùkǒngbùzhuàngtài
공포심	恐惧心	kǒngjùxīn
	恐惧感	kǒngjùgǎn
공해	公海	gōnghǎi
공황장애	恐慌障碍	kǒnghuāngzhàng'ài
과격행위	过激行为	guòjīxíngwéi
과녁	靶子	bǎzi
과다복용	过量服用	guòliàngfúyòng
과다출혈	失血过多	shīxuèguòduō
	出血过多	chūxuèguòduō
과대광고	夸大性广告	kuādàxìngguǎnggào

과대망상증	夸大妄想症	kuādàwàngxiǎngzhèng
과대선전	夸大宣传	kuādàxuānchuán
과도(果刀)	水果刀	shuǐguǒdāo
과도(過度)	过度	guòdù
	过分	guòfèn
과료10)	科料	kēliào
	罚款	fákuǎn
과속운전	超速驾驶	chāosùjiàshǐ
	超速行驶	chāosùxíngshǐ
과실	过失	guòshī
과실공동정범	过失共同正犯	guòshīgòngtóngzhèngfàn
과실교통방해죄	过失妨害交通罪	guòshīfánghàijiāotōngzuì
과실범	过失犯	guòshīfàn
과실일수죄	过失决水罪	guòshījuéshuǐzuì
과실책임주의	过失责任主义	guòshīzérènzhǔyì
과실치사죄	过失杀人罪	guòshīshārénzuì
	过失致人死亡罪	guòshīzhìrénsǐwángzuì
과실치상죄	过失伤害罪	guòshīshānghàizuì
과실폭발성물건파열죄	过失爆炸性物品破裂罪	guòshībàozhàxìngwùpǐn pòlièzuì
과음	过度饮酒	guòdùyǐnjiǔ
	过量饮酒	guòliàngyǐnjiǔ
과잉방위	防卫过当	fángwèiguòdāng
과잉자구행위	自救行为过当	zìjiùxíngwéiguòdāng
과잉진압	过度镇压	guòdùzhènyā
과잉피난	避险过当	bìxiǎnguòdāng
과학수사	科学侦查	kēxuézhēnchá
과형상 일죄	科刑上的一罪	kēxíngshàngdeyīzuì
관계 법령	相关法令	xiàngguānfǎlìng
관계자	有关人士	yǒuguānrénshì
관념적 경합	观念竞合	guānniànjìnghé
관련 규정	相关规定	xiāngguānguīdìng
관련 법률	相关法律	xiāngguānfǎlù
관련 사건	关联案件	guānlián'ànjiàn
	相关案件	xiāngguān'ànjiàn

관련 서류	相关文件	xiāngguānwénjiàn
	相关文书	xiāngguānwénshū
관련 자료	相关资料	xiāngguānzīliào
관련 조문	相关条文	xiāngguāntiáowén
관련 증거	相关证据	xiāngguānzhèngjù
관련 책임자	相关责任人	xiāngguānzérènrén
관리소홀	管理疏忽	guǎnlǐshūhu
	管理失职	guǎnlǐshīzhí
관리인	管理人	guǎnlǐrén
관리책임	管理责任	guǎnlǐzérèn
관보	公报	gōngbào
관세	关税	guānshuì
관세청	关税厅	guānshuìtīng
관세포탈	逃避关税	táobìguānshuì
	偷逃关税	tōutáoguānshuì
관습	习惯	xíguàn
관습법	习惯法	xíguànfǎ
관습형법금지	禁止习惯刑法	jìnzhǐxíguànxíngfǎ
관절	关节	guānjié
관직	官职	guānzhí
관통상	贯通伤	guàntōngshāng
	贯穿伤	guànchuānshāng
관할	管辖	guǎnxiá
관할구역	管辖区域	guǎnxiáqūyù
	辖区	xiáqū
관할권	管辖权	guǎnxiáquán
관할범위	管辖范围	guǎnxiáfànwéi
관할법원	管辖法院	guǎnxiáfǎyuàn
관할분쟁	管辖争议	guǎnxiázhēngyì
관할불명	管辖不明	guǎnxiábùmíng
관할위반	管辖违反	guǎnxiáwéifǎn
관할이전	管辖(权)转移	guǎnxiá(quán)zhuǎnyí
관할인정	管辖认定	guǎnxiárèndìng
관할지정	指定管辖	zhǐdìngguǎnxiá

ㄱ
ㄴ
ㄷ
ㄹ
ㅁ
ㅂ
ㅅ
ㅇ
ㅈ
ㅊ
ㅋ
ㅌ
ㅍ
ㅎ

관행	惯例	guànlì
	习惯做法	xíguànzuòfǎ
광갱	矿井	kuàngjǐng
광역범죄	跨地区犯罪	kuàdìqūfànzuì
광역수사대	广域搜查队	guǎngyùsōucháduì
	刑警大队	xíngjǐngdàduì
광의	广义	guǎngyì
광의의 형법	广义刑法	guǎngyìxíngfǎ
괴롭히다	折磨	zhémó
	为难	wéinán
교대근무	倒班工作	dǎobāngōngzuò
	轮班工作	lúnbāngōngzuò
교도관	狱警	yùjǐng
교도소 ⇨ 감옥		
교부송달	交付送达	jiāofùsòngdá
	直接送达	zhíjiēsòngdá
교사	教唆	jiàosuō
교사범	教唆犯	jiàosuōfàn
교사의 미수	教唆未遂	jiàosuōwèisuí
교사자	教唆人	jiàosuōrén
교살11)	勒死	lēisǐ
	绞死	jiǎosǐ
교수형	绞刑	jiǎoxíng
교우관계	交友关系	jiāoyǒuguānxi
	朋友关系	péngyouguānxi
교육정도	教育程度	jiàoyùchéngdù
	文化程度	wénhuàchéngdù
교정시설	矫正设施	jiǎozhèngshèshī
교제비	公关费(用)	gōngguānfèi(yong)
	交际费	jiāojìfèi
교차로	交叉路口	jiāochālùkǒu
교차신문	交叉询问	jiāochāxúnwèn
교통경찰	交通警察	jiāotōngjǐngchá
	交警	jiāojǐng

교통마비	交通瘫痪	jiāotōngtānhuàn
교통방해죄	妨害交通罪	fánghàijiāotōngzuì
교통방해치사죄	妨害交通致死罪	fánghàijiāotōngzhìsǐzuì
교통방해치상죄	妨害交通致伤罪	fánghàijiāotōngzhìshāngzuì
교통범칙금	交通违章罚款	jiāotōngwéizhāngfákuǎn
교통법규	交通法规	jiāotōngfǎguī
교통사고	交通事故	jiāotōngshìgù
	车祸	chēhuò
교통사고처리특례법	交通事故处理特例法	jiāotōngshìgùchùlǐtèlìfǎ
교통신호	交通信号	jiāotōngxìnhào
교통신호등	交通信号灯	jiāotōngxìnhàodēng
교통신호를 무시하다	无视交通信号灯	wúshìjiāotōngxìnhàodēng
	不顾及红绿灯	búgùjíhónglǜdēng
교통신호를 위반하다	违反交通信号灯	wéifǎnjiāotōngxìnhàodēng
교통신호봉	交通信号棒	jiāotōngxìnhàobàng
	交通指挥棒	jiāotōngzhǐhuībàng
교통정리	交通疏导	jiāotōngshūdǎo
교통정보	交通信息	jiāotōngxìnxī
교통체증	交通堵塞	jiāotōngdǔsè
교통초소	交通岗亭	jiāotōnggǎngtíng
	交通检查站	jiāotōngjiǎncházhàn
교통통신	交通通信	jiāotōngtōngxìn
교통통제	交通管制	jiāotōngguǎnzhì
교통표지판	交通标志牌	jiāotōngbiāozhìpái
교호신문 ⇨ 교차신문		
교활	狡猾	jiǎohuá
	狡诈	jiǎozhà
구강	口腔	kǒuqiāng
구금	羁押	jīyā
	拘禁	jūjìn
구금기간	羁押期限	jīyāqīxiàn

구금인	在押人员	zàiyārényuán
	羁押人员	jīyārényuán
구금일수	羁押日期	jīyārìqī
구금상소	羁押场所	jīyāchǎngsuǒ
구급차	急救车	jíjiùchē
	救护车	jiùhùchē
구내증인	院内证人	yuànnèizhèngrén
구두	口头	kǒutóu
구두고지	口头告知	kǒutóugàozhī
구두변론	口头辩论	kǒutóubiànlùn
구두진술	口头陈述	kǒutóuchénshù
	口供	kǒugòng
구매자	买主	mǎizhǔ
구법	旧法	jiùfǎ
구성요건	构成要件	gòuchéngyàojiàn
구성요건고의	构成要件故意	gòuchéngyàojiàngùyì
구성요건에 부합하는 행위	符合构成要件的行为	fúhégòuchéngyàojiànde xíngwéi
구성요건의 흠결	构成要件欠缺	gòuchéngyàojiànqiànquē
구성요건적 착오	构成要件错误	gòuchéngyàojiàncuòwù
구성요건해당성	构成要件符合性	gòuchéngyàojiànfúhéxìng
구성적 신분	构成身份	gòuchéngshēnfèn
구속12)	逮捕	dàibǔ
구속기간	逮捕期限	dàibǔqīxiàn
구속된 피의자	被逮捕的犯罪嫌疑人	bèidàibǔdefànzuìxiányírén
구속영장13)	逮捕证	dàibǔzhèng
	逮捕令	dàibǔlìng
구속영장기각	驳回逮捕令	bóhuídàibǔlìng
	不批准逮捕	bùpīzhǔndàibǔ
구속영장발부	签发逮捕令	qiānfādàibǔlìng
구속영장신청	申请逮捕令	shēnqǐngdàibǔlìng
	提请批准逮捕	tíqǐngpīzhǔndàibǔ
구속영장신청서	逮捕令申请书	dàibǔlìngshēnqǐngshū
	批捕申请书	pībǔshēnqǐngshū

구속영장청구14) ⇨ 구속영장신청		
구속영장청구서 ⇨ 구속영장신청서		
구속의 이유	逮捕理由	dàibǔlǐyóu
구속의 필요성	逮捕必要性	dàibǔbìyàoxìng
구속적부심사	逮捕合法性审查	dàibǔhéfǎxìngshěnchá
구속 전 피의자심문	逮捕证签发前审问	dàibǔzhèngqiānfāqián shěnwèn
구속집행정지	停止执行逮捕	tíngzhǐzhíxíngdàibǔ
구속취소	撤销逮捕	chèxiāodàibǔ
구속통지서	逮捕通知书	dàibǔtōngzhīshū
구술	口述	kǒushù
구인	拘传	jūchuán
구인장	拘传证	jūchuánzhèng
	拘票	jūpiào
구제	救济	jiùjì
구제절차	救济程序	jiùjìchéngxù
구조	救助	jiùzhù
	救援	jiùyuán
구조요청	请求援救	qǐngqiúyuánjiù
	求救	qiújiù
구조의무	救助义务	jiùzhùyìwù
구체적 규정	具体规定	jùtǐguīdìng
구체적 부합설	具体符合说	jùtǐfúhéshuō
구체적 사건	具体案件	jùtǐànjiàn
구체적 사실의 착오	具体事实错误	jùtǐshìshícuòwù
구체적 상황	具体情况	jùtǐqíngkuàng
구체적 위험범	具体危险犯	jùtǐwēixiǎnfàn
구체적 타당성	具体妥当性	jùtǐtuǒdàngxìng
구출	解救	jiějiù
구치소	看守所	kānshǒusuǒ
구타	殴打	ōudǎ
구토	呕吐	ǒutù
구형	求刑	qiúxíng
	量刑建议	liàngxíngjiànyì
구호	救护	jiùhù

구호의무	救护义务	jiùhùyìwù
구호조치	救护措施	jiùhùcuòshī
국가기관	国家机关	guójiājīguān
국가기밀	国家机密	guójiājīmì
국가배상	国家赔偿	guójiāpéicháng
국가소추주의	国家追诉主义	guójiāzhuīsùzhǔyì
국가적 법익	国家法益	guójiāfǎyì
국가질서	国家秩序	guójiāzhìxù
국고	国库	guókù
국교	国交	guójiāo
국기	国旗	guóqí
국기국장모독죄	侮辱国旗国徽罪	wǔrǔguóqíguóhuīzuì
국기국장비방죄	诽谤国旗国徽罪	fěibàngguóqíguóhuīzuì
국내범	国内犯	guónèifàn
국내법	国内法	guónèifǎ
국도	国道	guódào
국립과학수사연구원	国立科学搜查研究院	guólìkēxuésōucháyánjiūyuàn
국민참여재판	国民参与审判	guómíncānyùshěnpàn
국부유출	国家财富流出	guójiācáifùliúchū
국선변호인	国选辩护人	guóxuǎnbiànhùrén
	指定辩护人	zhǐdìngbiànhùrén
국세청	国税厅	guóshuìtīng
국외도피	国外逃避	guówàitáobì
	逃到国外	táodàoguówài
국외도피사범	国外逃犯	guówàitáofàn
국외범	国外犯	guówàifàn
국외이송	移送国外	yísòngguówài
국외이송목적 약취유인죄	以移送国外为目的掠取诱引罪	yǐyísòngguówàiwéimùdìlüèqǔyòuyǐnzuì
국외추방 ⇨ 강제추방		
국장	国徽	guóhuī
국적	国籍	guójí
국제결혼	国际婚姻	guójìhūnyīn
	跨国婚姻	kuàguóhūnyīn

국제관례	国际惯例	guójìguànlì
국제범죄	国际犯罪	guójìfànzuì
국제범죄수사대	国际犯罪搜查队	guójìfànzuìsōucháduì
국제법	国际法	guójìfǎ
국제수배령	国际通缉令	guójìtōngjīlìng
국제수사공조	国际侦查协助	guójìzhēncháxiézhù
국제운전면허증	国际驾驶证	guójìjiàshǐzhèng
	国际驾照	guójìjiàzhào
국제조약	国际条约	guójìtiáoyuē
국제협력	国际合作	guójìhézuò
국제협약	国际公约	guójìgōngyuē
국제형법	国际刑法	guójìxíngfǎ
국제형사사법공조	国际刑事司法协助	guójìxíngshìsīfǎxiézhù
국토참절	窃据国土	qièjùguótǔ
국헌문란	扰乱国宪	rǎoluànguóxiàn
국회의원	国会议员	guóhuìyìyuán
국회회의장 모욕죄	侮辱国会会议场罪	wǔrǔguóhuìhuìyìchǎng zuì
군사기밀	军事机密	jūnshìjīmì
군사법원	军事法院	jūnshìfǎyuàn
군사상 비밀	军事秘密	jūnshìmìmì
군사상 이익	军事利益	jūnshìlìyì
군사용 항공기	军用航空器	jūnyònghángkōngqì
군수품	军需品	jūnxūpǐn
군용시설	军用设施	jūnyòngshèshī
굴복	屈服	qūfú
궁박상태	窘迫状态	jiǒngpòzhuàngtài
궁상문15)	弓形纹	gōngxíngwén
궁지 ⇨ 곤경		
궁핍	贫穷	pínqióng
	穷困	qióngkùn
권고	劝告	quàngào
	劝说	quànshuō
권력기관	权力机关	quánlìjīguān
권력분립	权力分立	quánlìfēnlì

권리구제	权利救济	quánlìjiùjì
권리남용	权利滥用	quánlìlànyòng
권리박탈	剥夺权利	bōduóquánlì
권리 · 의무에 관한 문서	有关权利义务的文书	yǒuguānquánlìyìwùde wénshū
권리침해	侵犯权利	qīnfànquánlì
권리행사방해죄	妨害行使权利罪	fánghàixíngshǐquánlìzuì
권총	手枪	shǒuqiāng
권한	权限	quánxiàn
궐석재판 ⇨ 결석재판		
궤도	轨道	guǐdào
궤변	诡辩	guǐbiàn
	狡辩	jiǎobiàn
귀금속	贵金属	guìjīnshǔ
귀속	归属	guīshǔ
귀중품	贵重物品	guìzhòngwùpǐn
귀책사유	归责事由	guīzéshìyóu
귀화	入籍	rùjí
규명	查明	chámíng
	查清	cháqīng
규문주의	纠问主义	jiūwènzhǔyì
규범	规范	guīfàn
규범적 책임론	规范责任论	guīfànzérènlùn
규정	规定	guīdìng
규제	管制	guǎnzhì
	控制	kòngzhì
극단적 상황	极端情况	jíduānqíngkuàng
극단적 선택	极端选择	jíduānxuǎnzé
극도의 공포	极度恐惧	jídùkǒngjù
극도의 흥분	极度兴奋	jídùxīngfèn
극악무도	罪大恶极	zuìdà'èjí
	穷凶极恶	qióngxiōngjí'è
극형	极刑	jíxíng
근거	依据	yījù
	根据	gēnjù

근거없는 날조	凭空捏造	píngkōngniēzào
근거없는 추측	凭空推测	píngkōngtuīcè
근거자료	依据资料	yījùzīliào
근로감독관	劳动监督官	láodòngjiāndūguān
근로기준법	劳动基准法	láodòngjīzhǔnfǎ
근로시간	工作时间	gōngzuòshíjiān
	工时	gōngshí
근무환경	工作环境	gōngzuòhuánjìng
근친상간	近亲相奸	jìnqīnxiāngjiān
긁힌 자국	划痕	huáhén
	刮痕	guāhén
금고(禁錮)	禁锢	jìngù
금고(金庫)	保险柜	bǎoxiǎnguì
	保险箱	bǎoxiǎnxiāng
금융계좌	金融账户	jīnróngzhànghù
금융범죄	金融犯罪	jīnróngfànzuì
금융사기	金融诈骗	jīnróngzhàpiàn
금은방	金银店	jīnyíndiàn
	金店	jīndiàn
금전	金钱	jīnqián
금전적 손해	金钱损失	jīnqiánsǔnshī
금전적 유혹	金钱诱惑	jīnqiányòuhuò
금지규범	禁止规范	jìnzhǐguīfàn
금지규정	禁止规定	jìnzhǐguīdìng
금지약물	违禁药物	wéijìnyàowù
	违禁药品	wéijìnyàopǐn
금지착오	禁止性错误	jìnzhǐxìngcuòwù
금치산선고	禁治产宣告	jìnzhìchǎnxuāngào
금치산자	禁治产人	jìnzhìchǎnrén
금품	钱物	qiánwù
	钱财	qiáncái
금품수수	收受钱物	shōushòuqiánwù
	收受钱财	shōushòuqiáncái
급박	急迫	jípò

급박한 위험	急迫危险	jípòwēixiǎn
	紧迫危险	jǐnpòwēixiǎn
급사	猝死	cùsǐ
	急死	jísǐ
긍정설	肯定说	kěndìngshuō
기각 ⇨ 각하		
기각결정	驳回决定	bóhuíjuédìng
기간의 계산	期间计算	qījiānjìsuàn
기결수	已决犯	yǐjuéfàn
기국주의	旗国主义	qíguózhǔyì
기능적 행위지배	功能性行为支配	gōngnéngxìngxíngwéi zhīpèi
기대가능성	期待可能性	qīdàikěnéngxìng
기도된 교사	意图性教唆	yìtúxìngjiàosuō
기록목록	卷宗目录	juànzōngmùlù
기만	欺骗	qīpiàn
	哄骗	hǒngpiàn
기망 ⇨ 기만		
기명날인	签名盖章	qiānmínggàizhāng
기밀	机密	jīmì
기본권	基本权(利)	jīběnquán(lì)
기본급	基本工资	jīběngōngzī
	底薪	dǐxīn
기본원칙	基本原则	jīběnyuánzé
기분이 고조되다	情绪高涨	qíngxùgāozhǎng
기분이 저하되다	情绪低落	qíngxùdīluò
기산	起算	qǐsuàn
기소	起诉	qǐsù
기소결정	起诉决定	qǐsùjuédìng
기소권	起诉(裁量)权	qǐsù(cáiliàng)quán
기소단계	起诉阶段	qǐsùjiēduàn
기소독점주의	起诉独占主义	qǐsùdúzhànzhǔyì
기소법정주의	起诉法定主义	qǐsùfǎdìngzhǔyì
기소요지	起诉要旨	qǐsùyàozhǐ
기소유예	暂缓起诉	zànhuǎnqǐsù

기소의견	起诉意见	qǐsùyìjiàn
기소중지	暂停起诉	zàntíngqǐsù
	中止起诉	zhōngzhǐqǐsù
기소편의주의	起诉便宜主义	qǐsùbiànyízhǔyì
기수	既遂	jìsuí
기수범	既遂犯	jìsuífàn
기술유출	技术泄露	jìshùxièlòu
	技术外泄	jìshùwàixiè
기술적 수단	技术手段	jìshùshǒuduàn
기습	突袭	tūxí
	偷袭	tōuxí
기습시위	突袭示威	tūxíshìwēi
기억상실증	失忆症	shīyìzhèng
	记忆丧失症	jìyìsàngshīzhèng
기억을 환기시키나	唤起记忆	huànqǐjìyì
기억이 뚜렷하다	记忆清晰	jìyìqīngxī
	记忆犹新	jìyìyóuxīn
기억이 희미하다	记忆模糊	jìyìmóhu
	记不清楚	jìbùqīngchu
기억장애	记忆障碍	jìyìzhàng'ài
기업범죄	企业犯罪	qǐyèfànzuì
기일	日期	rìqī
기입	填写	tiánxiě
기재	记载	jìzǎi
기재방식	记载方式	jìzǎifāngshì
기재사항	记载事项	jìzǎishìxiàng
기차 등의 전복죄	颠覆火车等罪	diānfùhuǒchēděngzuì
기차 · 선박 등 교통방해죄	妨害火车、船舶等交通罪	fánghàihuǒchēchuánbó děngjiāotōngzuì
기초되는 조사	基础性调查	jīchǔxìngdiàochá
기타의 방법	其他方法	qítāfāngfǎ
기판력	既判力	jìpànlì
기피(16)	申请回避	shēnqǐnghuíbì
기화	机遇	jīyù
	良机	liángjī

기회범	机会犯	jīhuìfàn
기회성 범죄	机会性犯罪	jīhuìxìngfànzuì
기회제공형 함정수사	机会提供型诱惑侦查	jīhuìtígōngxíngyòuhuò zhēnchá
긴급구조	紧急救助	jǐnjíjiùzhù
	紧急救援	jǐnjíjiùyuán
긴급배치	紧急部署	jǐnjíbùshǔ
긴급상황	紧急情况	jǐnjíqíngkuàng
긴급성	紧急性	jǐnjíxìng
	紧迫性	jǐnpòxìng
긴급전화	紧急电话	jǐnjídiànhuà
긴급체포	紧急拘留	jǐnjíjūliú
긴급피난	紧急避险	jǐnjíbìxiǎn
	紧急避难	jǐnjíbìnàn
긴박	紧迫	jǐnpò
길목	路口	lùkǒu
길이	长度	chángdù
깊이	深度	shēndù
깡패 ⇨ 건달		
끼어들기	插队	chāduì

한중 형사법률용어사전

나이프	小刀	xiǎodāo
	短刀	duǎndāo
나체사진	裸体照(片)	luǒtǐzhào(piàn)
	裸照	luǒzhào
나포	抓捕	zhuābǔ
	抓获	zhuāhuò
낙태	堕胎	duòtāi
	打胎	dǎtāi
난동	乱动	luàndòng
	胡闹	húnào
난민	难民	nànmín
난치	难治	nánzhì
난치병	疑难杂症	yínánzázhèng
	顽症	wánzhèng
난폭운전	野蛮驾驶	yěmánjiàshǐ
	暴力驾驶	bàolìjiàshǐ
날인	盖章	gàizhāng
날인거부	拒绝盖章	jùjuégàizhāng
날조	捏造	niēzào
	编造	biānzào
날카롭다	锋利	fēnglì
남성혐오범죄	厌恶男性犯罪	yànwùnánxìngfànzuì
납부	缴纳	jiǎonà
	交纳	jiāonà
납치	绑架	bǎngjià
	劫持	jiéchí

납치범	绑架犯	bǎngjiàfàn
	绑匪	bǎngfěi
낭독	朗读	lǎngdú
낯선 전화	陌生电话	mòshēngdiànhuà
내국인	本国人	běnguórén
내국인의 국외범	本国人的国外犯	běnguóréndeguówàifàn
내규	内部规定	nèibùguīdìng
내란목적 살인죄	内乱目的杀人罪	nèiluànmùdìshārénzuì
내란음모죄	内乱阴谋罪	nèiluànyīnmóuzuì
내란죄	内乱罪	nèiluànzuì
내막	内幕	nèimù
	内情	nèiqíng
내막을 아는 사람	知情人士	zhīqíngrénshì
내부망	内部网	nèibùwǎng
내부소행	内部人员所为	nèibùrényuánsuǒwéi
	内部人员所做	nèibùrényuánsuǒzuò
내부자	内部人员	nèibùrényuán
내부정보	内部信息	nèibùxìnxī
내사17)	内查	nèichá
내사단계	内查阶段	nèichájiēduàn
내상	内伤	nèishāng
내심의 의사	内心的意思	nèixīndeyìsi
내연관계	偷情关系	tōuqíngguānxi
내용물	内容物	nèiróngwù
내용의 인정	认定内容	rèndìngnèiróng
내장기관	内脏器官	nèizàngqìguān
내장파열	内脏破裂	nèizàngpòliè
내재적 관념	内在观念	nèizàiguānniàn
내재적 동기	内在动机	nèizàidòngjī
내재적 요인	内在因素	nèizàiyīnsù
노동력	劳动力	láodònglì
노동력 착취	剥削劳动力	bōxuēláodònglì
노동자	劳动者	láodòngzhě
	工人	gōngrén
노동쟁의	劳动争议	láodòngzhēngyì

노름돈	赌注	dǔzhù
노리쇠	枪栓	qiāngshuān
노면	路面	lùmiàn
노무제공	提供劳务	tígōngláowù
노사관계	劳资关系	láozīguānxi
노사분규	劳资纠纷	láozījiūfēn
노상강도	拦路抢劫	lánlùqiǎngjié
노상방뇨	随地小便	suídìxiǎobiàn
노쇠사	衰老死	shuāilǎosǐ
노숙자	无家可归者	wújiākěguīzhě
노역장	劳役场	láoyìchǎng
노역장유치	劳役场留置	láoyìchǎngliúzhì
노역형	劳役刑	láoyìxíng
노인범죄	老人犯罪	lǎorénfànzuì
노조	工会	gōnghuì
노조원	工会会员	gōnghuìhuìyuán
녹음	录音	lùyīn
녹음장치	录音装置	lùyīnzhuāngzhì
	录音设备	lùyīnshèbèi
녹취 ⇨ 녹음		
녹취록	录音记录	lùyīnjìlù
녹화	录像	lùxiàng
논리정연	逻辑清晰	luójíqīngxī
	逻辑分明	luójífēnmíng
논리해석	论理解释	lùnlǐjiěshì
농성	静坐示威	jìngzuòshìwēi
농아자	聋哑人	lóngyǎrén
뇌물	贿赂	huìlù
뇌물공여의사표시	表达行贿意图罪	biǎodáxínghuìyìtúzuì
뇌물공여죄	行贿罪	xínghuìzuì
뇌물수수	收受贿赂	shōushòuhuìlù
	受贿	shòuhuì
뇌물수수자	受贿人	shòuhuìrén
뇌물약속	约定贿赂	yuēdìnghuìlù

뇌물요구	索取贿赂	suǒqǔhuìlù
	索贿	suǒhuì
뇌물제공	提供贿赂	tígōnghuìlù
	行贿	xínghuì
뇌물제공자	行贿人	xínghuìrén
뇌사	脑死亡	nǎosǐwáng
뇌사상태에 빠지다	陷入脑死亡状态	xiànrùnǎosǐwángzhuàngtài
뇌좌상	脑挫伤	nǎocuòshāng
뇌진탕	脑震荡	nǎozhèndàng
뇌출혈	脑出血	nǎochūxuè
누구임을 물음에 대하여 도망하려는 자	受盘问而准备逃跑的人	shòupánwènérzhǔnbèitáopǎoderén
누락	遗漏	yílòu
누명을 벗다	洗清罪名	xǐqīngzuìmíng
	摘(掉)黑锅	zhāi(diào)hēiguō
누명을 쓰다	受冤枉	shòuyuānwang
	背(上)黑锅	bèi(shàng)hēiguō
누명을 씌우다	冤枉	yuānwang
	扣(上)黑锅	kòu(shàng)hēiguō
누범	累犯	lěifàn
누범가중	累犯加重	lěifànjiāzhòng
누범기간	累犯期间	lěifànqījiān
누설	泄露	xièlòu
누적적 인과관계	累积的因果关系	lěijīdeyīnguǒguānxi
누전	漏电	lòudiàn
	跑电	pǎodiàn
뉘우치는 기색	忏悔之意	chànhuǐzhīyì
	悔过之意	huǐguòzhīyì

늑골 ⇨ 갈비뼈

한중 형사법률용어사전

다단계판매	传销	chuánxiāo
다단계판매원	传销人员	chuánxiāorényuán
다단계판매조직	传销组织	chuánxiāozǔzhī
다단계활동	传销活动	chuánxiāohuódòng
다문화가정	多文化家庭	duōwénhuàjiātíng
	跨国婚姻家庭	kuàguóhūnyīnjiātíng
다발성 손상	多发伤	duōfāshāng
	多发性损伤	duōfāxìngsǔnshāng
다세대주택	多住户住宅	duōzhùhùzhùzhái
	多户型住宅	duōhùxíngzhùzhái
다수설	多数说	duōshùshuō
다중밀집장소 ⇨ 공중밀집장소		
다중불해산죄	聚众不解散罪	jùzhòngbùjiěsànzuì
다중의 위력	众人的威力	zhòngréndewēilì
다중이용시설	公众利用设施	gōngzhònglìyòngshèshī
다중인격장애	多重人格障碍	duōzhòngréngézhàng'ài
다툼이 있는 사건	有争议的案件	yǒuzhēngyìde'ànjiàn
단기자유형	短期自由刑	duǎnqīzìyóuxíng
단기체류	短期停留	duǎnqītíngliú
	短期滞留	duǎnqīzhìliú
단도 ⇨ 나이프		
단독범행	单独犯罪	dāndúfànzuì
	单人作案	dānrénzuò'àn
단독재판	独任审判	dúrènshěnpàn
단독정범	单独正犯	dāndúzhèngfàn
단독제	独任制	dúrènzhì

단독판사	独任法官	dúrènfǎguān
단서	线索	xiànsuǒ
	蛛丝马迹	zhūsīmǎjì
단서를 남기다	留下线索	liúxiàxiànsuǒ
	留下蛛丝马迹	liúxiàzhūsīmǎjì
단서를 제공하다	提供线索	tígōngxiànsuǒ
단서조항	但书条款	dànshūtiáokuǎn
단속	查处	cháchǔ
	盘查	pánchá
단순수뢰죄	单纯受贿罪	dānchúnshòuhuìzuì
단순일죄	单纯一罪	dānchúnyīzuì
단일범	单一犯	dānyīfàn
단정	断定	duàndìng
	判定	pàndìng
단체	团队	tuánduì
	团体	tuántǐ
단체구성원	团队成员	tuánduìchéngyuán
단체문자를 발송하다	群发短信	qúnfāduǎnxìn
단체의 위력	团队的威力	tuánduìdewēilì
단행형법	单行刑法	dānxíngxíngfǎ
담담하다	平静	píngjìng
	从容不迫	cóngróngbúpò
담담한 표정	平静的表情	píngjìngdebiǎoqíng
담당구역	负责区域	fùzéqūyù
답변	答辩	dábiàn
	答复	dáfù
답변거부	拒绝回答	jùjuéhuídá
	拒不回答	jùbùhuídá
답변서	答辩书	dábiànshū
	答辩状	dábiànzhuàng
당사자	当事人	dāngshìrén
당사자능력	当事人能力	dāngshìrénnénglì
당사자주의	当事人主义	dāngshìrénzhǔyì
당연무효	当然无效	dāngránwúxiào
당연해석	当然解释	dāngránjiěshì

당연히 증거능력이 있는 서류	当然具有证据能力的文书	dāngránjùyǒuzhèngjùnénglìdewénshū
당직변호사	值班律师	zhíbānlǜshī
당직지	值班人员	zhíbānrényuán
대가보관	代价保管	dàijiàbǎoguǎn
대검찰청	大检察厅	dàjiǎncháītng
대대적인 수색	全面搜索	quánmiànsōusuǒ
	地毯式搜索	dìtǎnshìsōusuǒ
대륙법계	大陆法系	dàlùfǎxì
대리	代理	dàilǐ
대리고소	代理告诉	dàilǐgàosù
대리권	代理权	dàilǐquán
대리기사	代驾司机	dàijiàsījī
대리운전	代驾	dàijià
대리인	代理人	dàilǐrén
대립	对立	duìlì
대마(초)	大麻	dàmá
대면조사	面对面调查	miànduìmiàndiàochá
대물방위	对物防卫	duìwùfángwèi
대물적 강제처분	对物的强制措施	duìwùdeqiángzhìcuòshī
대민서비스	便民服务	biànmínfúwù
	群众服务	qúnzhòngfúwù
대법원	大法院	dàfǎyuàn
대법원전원합의체	大法院全员合议体	dàfǎyuànquányuánhéyìtǐ
대법원판례	大法院判例	dàfǎyuànpànlì
대사관	大使馆	dàshǐguǎn
대상의 착오	对象错误	duìxiàngcuòwù
대서	代书	dàishū
	代笔	dàibǐ
대서업자	代书人	dàishūrén
대응	应对	yìngduì
대응책	应对方法	yìngduìfāngfǎ
대인관계	人际关系	rénjìguānxi
	社会关系	shèhuìguānxi

대인적 강제처분	对人身的强制措施	duìrénshēndeqiángzhì cuòshī
대조확인	核对	héduì
대질	对质	duìzhì
대질신문	对质讯问	duìzhìxùnwèn
대질조사	对质调查	duìzhìdiàochá
대집행	代执行	dàizhíxíng
대체	代替	dàitì
대체복무제	代替服役制	dàitìfúyìzhì
대체형벌	代替刑罚	dàitìxíngfá
대출사기	贷款诈骗	dàikuǎnzhàpiàn
대출이력	贷款履历	dàikuǎnlǚlì
대치	对峙	duìzhì
대통령령	总统令	zǒngtǒnglìng
대포통장	冒名存折	màomíngcúnzhé
	假名存折	jiǎmíngcúnzhé
대포폰	冒名手机	màomíngshǒujī
	假名手机	jiǎmíngshǒujī
대표변호인	代表辩护人	dàibiǎobiànhùrén
대표자	代表人	dàibiǎorén
대향범	对向犯	duìxiàngfàn
	对合犯	duìhéfàn
대헌장(MagnaCarta)	大宪章	dàxiànzhāng
대화기록	对话记录	duìhuàjìlù
	谈话记录	tánhuàjìlù
데이터	(电子)数据	(diànzǐ)shùjù
데이터 감정	数据鉴定	shùjùjiàndìng
데이터 변경	数据更改	shùjùgēnggǎi
데이터 보존	数据保留	shùjùbǎoliú
데이터 복원	数据恢复	shùjùhuīfù
데이터 삭제	数据删除	shùjùshānchú
데이터 수정	数据修改	shùjùxiūgǎi
데이터 저장	数据存储	shùjùcúnchǔ
데이터 추가	数据添加	shùjùtiānjiā
데이터베이스	数据库	shùjùkù

데이트폭력	约会暴力	yuēhuìbàolì
도난당하다	被盗	bèidào
	失盗	shīdào
도난목록	失单	shīdān
	被盗物品清单	bèidàowùpǐnqīngdān
도난물품	被盗物品	bèidàowùpǐn
	失窃物品	shīqièwùpǐn
도난신고	失盗报案	shīdàobào'àn
	失窃报警	shīqièbàojǐng
도난차량	被盗车辆	bèidàochēliàng
	失窃车辆	shīqièchēliàng
도난현장	被盗现场	bèidàoxiànchǎng
	失窃现场	shīqièxiànchǎng
도둑	小偷	xiǎotōu
	窃贼	qièzéi
도둑이 제 발 저리다	做贼心虚	zuòzéixīnxū
도로검문	路检(路查)	lùjiǎn(lùchá)
도로교통법	道路交通法	dàolùjiāotōngfǎ
도로를 가로막다	拦截道路	lánjiédàolù
	拦路	lánlù
도로상황	路况	lùkuàng
도로점용	道路占用	dàolùzhànyòng
도망	逃跑	táopǎo
	脱逃	tuōtáo
도망할 염려	有逃跑的可能性	yǒutáopǎodekěnéngxìng
	逃逸之虞	táoyìzhīyú
도박개장죄	开设赌场罪	kāishèdǔchǎngzuì
도박사이트	赌博网站	dǔbówǎngzhàn
도박자금	赌博资金	dǔbózījīn
	赌资	dǔzī
도박장	赌场	dǔchǎng
도박죄	赌博罪	dǔbózuì
도박중독	赌博成瘾	dǔbóchéngyǐn
	赌瘾	dǔyǐn
도박판	赌局	dǔjú

도벌	盗伐	dàofá
도벽	盗窃癖	dàoqièpǐ
	偷窃癖	tōuqièpǐ
도보순찰	徒步巡逻	túbùxúnluó
	步巡	bùxún
도용	盗用	dàoyòng
도의적 감정	道义情感	dàoyìqínggǎn
도의적 책임	道义责任	dàoyìzérèn
도주 ⇨ 도망		
도주로	逃跑路线	táopǎolùxiàn
도주방향	逃跑方向	táopǎofāngxiàng
도주범	在逃人员	zàitáorényuán
	逃犯	táofàn
도주우려 ⇨ 도망할 염려		
도주원조죄	帮助脱逃罪	bāngzhutuotáozuì
도주죄	脱逃罪	tuōtáozuì
도청	窃听	qiètīng
도청기	窃听器	qiètīngqì
도피	逃避	táobì
도피사범 ⇨ 도주범		
도화	图画	túhuà
독거	独居	dújū
독거노인	独居老人	dújūlǎorén
	孤寡老人	gūguǎlǎorén
독극물	剧毒物	jùdúwù
독립대리권	独立代理权	dúlìdàilǐquán
독립증거	独立证据	dúlìzhèngjù
독립행위	独立行为	dúlìxíngwéi
독립행위의 경합	独立行为的竞合	dúlìxíngwéidejìnghé
독물	毒物	dúwù
독방	单人牢房	dānrénláofáng
독살	毒杀	dúshā
독성	毒性	dúxìng
독수의 과실이론	毒树之果理论	dúshùzhīguǒlǐlùn
독약	毒药	dúyào

독임제 ⇨ 단독제		
독점	独占	dúzhàn
독직	渎职	dúzhí
독촉	督促	dūcù
	催促	cuīcù
돌격	突击	tūjī
	冲击	chōngjī
돌발상황	突发状况	tūfāzhuàngkuàng
	突发情况	tūfāqíngkuàng
돌연사	突然死亡	tūránsǐwáng
	猝死	cùsǐ
동거가족	同居家属	tóngjūjiāshǔ
동거인	同居人	tóngjūrén
동거친족	同居亲属	tóngjūqīnshǔ
동급법원	同级法院	tóngjífǎyuàn
동맥	动脉	dòngmài
동맹국	同盟国	tóngméngguó
동물학대	虐待动物	nüèdàidòngwù
동반자살	结伴自杀	jiébànzìshā
	一同自杀	yìtóngzìshā
동사	冻死	dòngsǐ
동상	冻伤	dòngshāng
동석	同席	tóngxí
동성애	同性恋	tóngxìngliàn
동시범	同时犯	tóngshífàn
동업자	合伙人	héhuǒrén
동영상 캡쳐	视频截图	shìpínjiétú
동의	同意	tóngyì
동의낙태죄	同意堕胎罪	tóngyìduòtāizuì
동의살인죄	同意杀人罪	tóngyìshārénzuì
동일모델	同一型号	tóngyīxínghào
동일범	同一嫌疑人	tóngyīxiányírén
동일범의 소행	同一嫌疑人所为	tóngyīxiányírénsuǒwéi
동일법원	同一法院	tóngyīfǎyuàn
동일사건	同一案件	tóngyī'ànjiàn

동일성	同一性	tóngyīxìng
동일수법	相同手法	xiāngtóngshǒufǎ
	同样手法	tóngyàngshǒufǎ
동일한 범죄사실	同一犯罪事实	tóngyīfànzuìshìshí
동일한 사람	同一个人	tóngyígèrén
동일한 이유	同样的理由	tóngyàngdelǐyóu
동정(動靜)	动静	dòngjìng
동정(同情)	同情	tóngqíng
동정심	同情心	tóngqíngxīn
동정을 살피다	观察动静	guānchádòngjìng
동행거부	拒绝同行	jùjuétóngxíng
동행명령	同行命令	tóngxíngmìnglìng
두개골	头(盖)骨	tóu(gài)gǔ
	颅骨	lúgǔ
두개 내 출혈	颅内出血	lúnèichuxuè
두리번거리다	东张西望	dōngzhāngxīwàng
	左顾右盼	zuǒgùyòupàn
두목	头儿	tóur
	头目	tóumù
두부손상	头部损伤	tóubùsǔnshāng
둔기	钝器	dùnqì
뒤차	后方车辆	hòufāngchēliàng
뒤통수	后脑勺	hòunǎosháo
뒷좌석	后座	hòuzuò
	后排	hòupái
드라이버	螺丝刀	luósīdāo
드론	无人机	wúrénjī
등록번호	注册号	zhùcèhào
등록증	登陆证	dēnglùzhèng
	注册证	zhùcèzhèng
등본	誊本	téngběn
등사	誊写	téngxiě
	抄录	chāolù
디도스(DDoS)공격	分布式拒绝服务攻击	fēnbùshìjùjuéfúwùgōngjī
디엔에이 감정	DNA鉴定	DNAjiàndìng

디엔에이 검사	DNA检测	DNAjiǎncè
디엔에이 대조	DNA比对	DNAbǐduì
디엔에이 분석	DNA分析	DNAfēnxī
디엔에이 샘플	DNA样本	DNAyàngběn
디엔에이 일치	DNA一致	DNAyízhì
	DNA吻合	DNAwěnhé
디지털 성범죄	网络性犯罪	wǎngluòxìngfànzuì
디지털 증거	电子证据	diànzǐzhèngjù
디지털 포렌식	数字取证	shùzìqǔzhèng
	计算机取证	jìsuànjīqǔzhèng
디지털 흔적	数字痕迹	shùzìhénjì
따귀	耳光	ěrguāng
	耳刮子	ěrguāzi
뚜렷한 특징	明显特征	míngxiǎntèzhēng
	突出特点	tūchūtèdiǎn

한중 형사법률용어사전

라우터	路由器	lùyóuqì
러시아워	高峰时间	gāofēngshíjiān
	高峰时段	gāofēngshíduàn
레커차 ⇨ 견인차		
로그아웃	退出	tuìchū
로그인	登录	dēnglù
로마법	罗马法	luómǎfǎ
로스쿨	法学院	fǎxuéyuàn
로펌	律师事务所	lǜshīshìwùsuǒ
루머	谣言	yáoyán
	谣传	yáochuán
룸미러	内后视镜	nèihòushìjìng
리스트	目录	mùlù
	清单	qīngdān

한중 형사법률용어사전

ㅁ

마리화나 ⇨ 대마(초)

마사지사	按摩师	ànmóshī
마사지업소	按摩店	ànmódiàn
마약	毒品	dúpǐn
마약간이검사	毒品简易检测	dúpǐnjiǎnyìjiǎncè
마약거래	毒品交易	dúpǐnjiāoyì
마약검사	毒品检测	dúpǐnjiǎncè
마약공급책	毒品供应商	dúpǐngōngyìngshāng
	毒品供货人	dúpǐngōnghuòrén
마약밀수	走私毒品	zǒusīdúpǐn
마약범죄	毒品犯罪	dúpǐnfànzuì
마약사범	毒犯	dúfàn
마약성분	毒品成分	dúpǐnchéngfèn
마약수사대	缉毒队	jīdúduì
	毒品搜查队	dúpǐnsōucháduì
마약완제품	毒品成品	dúpǐnchéngpǐn
마약원료	毒品原料	dúpǐnyuánliào
마약자금	毒资	dúzī
마약제공	提供毒品	tígōngdúpǐn
마약제조	制造毒品	zhìzàodúpǐn
마약제조기술	制毒技术	zhìdújìshù
마약제조기술자	制毒(技术)人员	zhìdú(jìshù)rényuán
마약제조상	毒品制造商	dúpǐnzhìzàoshāng
마약조직	毒品组织	dúpǐnzǔzhī
마약중독	毒品中毒	dúpǐnzhòngdú
	吸毒成瘾	xīdúchéngyǐn

마약판매책	毒品经销商	dúpǐnjīngxiāoshāng
	贩毒分子	fàndúfènzǐ
마약흡입	吸食毒品	xīshídúpǐn
	吸毒	xīdú
마이크로필름	缩微胶卷	suōwēijiāojuǎn
마작	麻将	májiàng
마취	麻醉	mázuì
마취약품	麻醉药品	mázuìyàopǐn
마취제	麻醉剂	mázuìjì
마취주사	麻醉针	mázuìzhēn
막후 조종	幕后操纵	mùhòucāozòng
	背后操控	bèihòucāokòng
만기석방	刑满释放	xíngmǎnshìfàng
	刑释	xíngshì
반류	挽留	wǎnliú
	劝阻	quànzǔ
만신창이	遍体鳞伤	biàntǐlínshāng
	浑身是伤	húnshēnshìshāng
말다툼	吵架	chǎojià
	争吵	zhēngchǎo
말싸움 ⇨ 말다툼		
말일	末日	mòrì
말투	语气	yǔqì
	腔调(儿)	qiāngdiào(r)
망각	忘却	wàngquè
	忘记	wàngjì
망각범	忘却犯	wàngquèfàn
망보다	望风	wàngfēng
	放风	fàngfēng
망상	妄想	wàngxiǎng
망치	锤子	chuízi
	铁锤	tiěchuí
맞고소	反诉	fǎnsù
매개	媒介	méijiè
	中介	zhōngjiè

매뉴얼	手册	shǒucè
	指南	zhǐnán
매도인	卖方	màifāng
	出卖人	chūmàirén
매매계약	买卖合同	mǎimàihétong
	购销合同	gòuxiāohétong
매매춘	卖淫嫖娼	màiyínpiáochāng
매몰	埋没	máimò
매수	买通	mǎitōng
매수인	买方	mǎifāng
	买受人	mǎishòurén
매장	埋葬	máizàng
	掩埋	yǎnmái
매장물	埋藏物	máizàngwù
매춘	卖淫	màiyín
매춘조직	卖淫组织	màiyínzǔzhī
	卖淫团伙	màiyíntuánhuǒ
맥박	脉搏	màibó
맹견	猛犬	měngquǎn
맹인	盲人	mángrén
먹칠하다	抹黑	mǒhēi
멍	挫伤	cuòshāng
	瘀青	yūqīng
멍들다	青肿	qīngzhǒng
메스암페타민	甲基苯丙胺	jiǎjīběnbǐng'àn
	冰毒	bīngdú
멱살	衣领	yīlǐng
	脖领子	bólǐngzi
멱살을 잡다	揪住衣领	jiūzhùyīlǐng
	抓住脖领子	zhuāzhùbólǐngzi
면소	免诉	miǎnsù
면소판결	免诉判决	miǎnsùpànjué
면식범	熟人犯罪	shúrénfànzuì
	熟人作案	shúrénzuò'àn
면책사유	免责事由	miǎnzéshìyóu

면책적 긴급피난	免责的紧急避难	miǎnzédejǐnjíbìnàn
면책적 의무충돌	免责的义务冲突	miǎnzédeyìwùchōngtū
면책조항	免责条款	miǎnzétiáokuǎn
면책특권	豁免权	huòmiǎnquán
면회	探视	tànshì
	会见	huìjiàn
멸실	灭失	mièshī
명령	命令	mìnglìng
명령규범	命令规范	mìnglìngguīfàn
명령에 복종하다	服从命令	fúcóngmìnglìng
명문규정	明文规定	míngwénguīdìng
명백한 증거	确凿的证据	quèzáodezhèngjù
	铁证	tiězhèng
명성	名声	míngshēng
	名气	míngqì
명시	明示	míngshì
명시적 의사	明示意思	míngshìyìsi
명시적 의사표시	明示意思表示	míngshìyìsibiǎoshì
명예	名誉	míngyù
명예권	名誉权	míngyùquán
명예형	名誉刑	míngyùxíng
명예회복	恢复名誉	huīfùmíngyù
명예훼손죄	毁损名誉罪	huǐsǔnmíngyùzuì
	损害名誉罪	sǔnhàimíngyùzuì
명의	名义	míngyì
명의대여	借名	jièmíng
명의도용	盗用名义	dàoyòngmíngyì
명의변경	过户	guòhù
	名义变更	míngyìbiàngēng
명의사칭	冒名	màomíng
	假冒名义	jiǎmàomíngyì
명확성의 원칙	明确性原则	míngquèxìngyuánzé
모니터링	监督	jiāndū
	监视	jiānshì

모독	亵渎	xièdú
	侮辱	wǔrǔ
모두진술	开庭陈述	kāitíngchénshù
모든 사람은 법 앞에 평등하다	法律面前人人平等	fǎlǜmiànqiánrénrénpíngděng
모든 접촉은 흔적을 남긴다	凡有接触,必留痕迹	fányǒujiēchù, bìliúhénjì
모략	计谋策略	jìmóucèlüè
	谋略	móulüè
모르는 전화 ⇨ 낯선 전화		
모면	避免	bìmiǎn
	摆脱	bǎituō
모바일뱅킹	手机银行	shǒujīyínháng
	移动银行	yídòngyínháng
모발	毛发	máofà
모발검사	毛发检测	máofàjiǎncè
모방범죄	模仿犯罪	mófǎngfànzuì
모범수	模范囚犯	mófànqiúfàn
모법	母法	mǔfǎ
모병이적죄	募兵利敌罪	mùbīnglìdízuì
모사전송기	传真机	chuánzhēnjī
모순점	矛盾点	máodùndiǎn
모욕죄	侮辱罪	wǔrǔzuì
모의	合谋	hémóu
	谋议	móuyì
모자이크	马赛克	mǎsàikè
모자이크 처리하다	做马赛克处理	zuòmǎsàikèchǔlǐ
	打马赛克	dǎmǎsàikè
모집	招募	zhāomù
	募集	mùjí
모집책	负责招募的人	fùzézhāomùderén
모함	诬陷	wūxiàn
	陷害	xiànhài
모해	谋害	móuhài
모해위증죄	谋害伪证罪	móuhàiwěizhèngzuì

목격	目击	mùjī
	目睹	mùdǔ
목격자	目击者	mùjīzhě
	目击证人	mùjīzhèngrén
목록	目录	mùlù
	清单	qīngdān
목매어 자살하다	上吊(自杀)	shàngdiào(zìshā)
목맴사	缢死	yìsǐ
	吊死	diàosǐ
목적범	目的犯	mùdìfàn
목적의 정당성	目的的正当性	mùdìdezhèngdàngxìng
몰래 촬영하다	偷拍	tōupāi
	秘密拍摄	mìmìpāishè
몰래 훔쳐보다	偷窥	tōukuī
몰래카메라	偷拍相机	tōupāixiàngjī
	隐藏摄像机	yǐncángshèxiàngjī
몰수	没收	mòshōu
몰수물	没收物品	mòshōuwùpǐn
몰카범	偷拍犯	tōupāifàn
몰핀	吗啡	mǎfēi
몸값	赎金	shújīn
	赎款	shúkuǎn
몸값을 요구하다	索要赎金	suǒyàoshújīn
몸캠	裸聊	luǒliáo
몸캠피싱	裸聊诈骗	luǒliáozhàpiàn
몸통	躯干	qūgàn
몽타주	模拟画像	mónǐhuàxiàng
	面部肖像	miànbùxiàoxiàng
무고(無辜)	无辜	wúgū
무고죄(誣告罪)	诬告罪	wūgàozuì
무과실	无过失	wúguòshī
무과실책임주의	无过失责任主义	wúguòshīzérènzhǔyì
무국적자	无国籍人	wúguójírén
무기	武器	wǔqì
무기금고	无期禁锢	wúqījìngù

무기사용	使用武器	shǐyòngwǔqì
무기징역	无期徒刑	wúqītúxíng
무단	擅自	shànzì
	私自	sīzì
무단점거	擅自占据	shànzìzhànjù
	私自占据	sīzìzhànjù
무단점용	擅自占用	shànzìzhànyòng
	私自占用	sīzìzhànyòng
무단출입	擅自出入	shànzìchūrù
	私自出入	sīzìchūrù
무단침입	擅自进入	shànzìjìnrù
	私自闯入	sīzìchuǎngrù
무단횡단	横穿马路	héngchuānmǎlù
	乱穿马路	luànchuānmǎlù
무뢰한	无赖(汉)	wúlài(hàn)
무면허운전	无证驾驶	wúzhèngjiàshǐ
무비자 입국	免签证入境	miǎnqiānzhèngrùjìng
무연고자	无近亲属者	wújìnqīnshǔzhě
무인	手印	shǒuyìn
	指印	zhǐyìn
무인하다	按手印	ànshǒuyìn
	按指印	ànzhǐyìn
무임승차	逃票	táopiào
무작위	随机	suíjī
무전기	对讲机	duìjiǎngjī
무전취식	吃白食	chībáishí
무죄	无罪	wúzuì
무죄변론	无罪辩护	wúzuìbiànhù
무죄변명	无罪辩解	wúzuìbiànjiě
	无罪申辩	wúzuìshēnbiàn
무죄변호	无罪辩护	wúzuìbiànhù
무죄선고	宣告无罪	xuāngàowúzuì
무죄증거	无罪证据	wúzuìzhèngjù
무죄추정의 원칙	无罪推定原则	wúzuìtuīdìngyuánzé
무죄판결	无罪判决	wúzuìpànjué

무직	无业	wúyè
	没有工作	méiyǒugōngzuò
무혐의	无嫌疑	wúxiányí
	没有嫌疑	méiyǒuxiányí
무효	无效	wúxiào
묵묵부답	一声不吭	yìshēngbùkēng
	默不作声	mòbùzuòshēng
묵비권	沉默权	chénmòquán
묵비권을 행사하다	行使沉默权	xíngshǐchénmòquán
묵살	无视	wúshì
	不理睬	bùlǐcǎi
묵시적 승낙	默示承诺	mòshìchéngnuò
묵시적 의사	默示意思	mòshìyìsi
묵시적 의사연락	默示的意思联络	mòshìdeyìsiliánluò
묵시적 의사표시	默示意思表示	mòshìyìsibiǎoshì
묵인	默认	mòrèn
문리해석	文理解释	wénlǐjiěshì
문서	文书	wénshū
	文件	wénjiàn
문서감정	文书鉴定	wénshūjiàndìng
문서손괴죄	损坏文书罪	sǔnhuàiwénshūzuì
	毁坏文书罪	huǐhuàiwénshūzuì
문신	文身	wénshēn
	纹身	wénshēn
문외한	门外汉	ménwàihàn
	外行人	wàihángrén
문자신고	短信报警	duǎnxìnbàojǐng
문호	门窗	ménchuāng
묻지마 범죄	无动机犯罪	wúdòngjīfànzuì
	无差别犯罪	wúchābiéfànzuì
묻지마 살인	无动机杀人	wúdòngjīshārén
	无差别杀人	wúchābiéshārén
물건제공이적죄	提供物品利敌罪	tígōngwùpǐnlìdízuì
물리력	武力	wǔlì
물리력 행사	使用武力	shǐyòngwǔlì

물리적 흔적	物质痕迹	wùzhìhénjì
물뽕18)	G水	Gshuǐ
	神仙水	shénxiānshuǐ
물색	物色	wùsè
물적증거	物证	wùzhèng
물적피해	财产损失	cáichǎnsǔnshī
물증 ⇨ 물적증거		
물품보관함	物品保管箱	wùpǐnbǎoguǎnxiāng
물피 ⇨ 물적피해		
미결구금	未决羁押	wèijuéjīyā
	审前羁押	shěnqiánjīyā
미결구금기간	未决羁押期间	wèijuéjīyāqījiān
미결구금일수	未决羁押日期	wèijuéjīyārìqī
미결구금일수의 산입	未决羁押日期的计算	wèijuéjīyārìqīdejìsuàn
미결구금장소	未决羁押场所	wèijuéjīyāchǎngsuǒ
미결수	未决犯	wèijuéfàn
미끼	诱饵	yòu'ěr
미납	未缴	wèijiǎo
미라	木乃伊	mùnǎiyī
	干尸	gānshī
미란다원칙	米兰达原则	mǐlándáyuánzé
	米兰达权利	mǐlándáquánlì
미상	不详	bùxiáng
미성년자	未成年人	wèichéngniánrén
미성년자간음죄	奸淫未成年人罪	jiānyínwèichéngniánrénzuì
미성년자약취유인죄	掠取诱引未成年人罪	lüèqǔyòuyǐnwèichéngniánrénzuì
미성년자추행죄	猥亵未成年人罪	wěixièwèichéngniánrénzuì
미수	未遂	wèisuí
미수범	未遂犯	wèisuífàn
미수의 교사	未遂教唆	wèisuíjiàosuō
	陷阱教唆	xiànjǐngjiàosuō

미신범	迷信犯	míxìnfàn
	愚昧犯	yúmèifàn
미제사건	未结案(件)	wèijié'àn(jiàn)
	悬案	xuán'àn
미종료미수	未实行终了的未遂	wèishíxíngzhōngliǎode wèisuí
미필적 고의	未必故意	wèibìgùyì
미행	(尾随)跟踪	(wěisuí)gēnzōng
	盯梢	dīngshāo
민간인	平民	píngmín
	普通百姓	pǔtōngbǎixìng
민사분쟁	民事纠纷	mínshìjiūfēn
민사사건	民事案件	mínshì'ànjiàn
민사소송	民事诉讼	mínshìsùsòng
민생침해범죄	侵害民生犯罪	qīnhàimínshengfànzuì
밀반입	偷运	tōuyùn
밀수	走私	zǒusī
밀수범	走私犯	zǒusīfàn
	走私分子	zǒusīfènzǐ
밀실	密室	mìshì
밀입국	偷渡	tōudù
	非法入境	fēifǎrùjìng
밀입국자	偷渡者	tōudùzhě
	偷渡分子	tōudùfènzǐ
밀접접촉	密切接触	mìqièjiēchù
밀착보호	贴身保护	tiēshēnbǎohù

한중 형사법률용어사전

ㅂ

바가지를 씌우다	坑人	kēngrén
	宰人	zǎirén
바깥쪽 차선	外侧车道	wàicèchēdào
바바리맨	暴露狂	bàolùkuáng
바이러스 공격	病毒攻击	bìngdúgōngjī
바지사장	挂名老板	guàmínglǎobǎn
	名义老板	míngyìlǎobǎn
박탈	剥夺	bōduó
반감	反感	fǎngǎn
반격	反击	fǎnjī
	还手	huánshǒu
반국가단체	反国家团体	fǎnguójiātuántǐ
반대신문	反询问	fǎnxúnwèn
반대증거	相反证据	xiāngfǎnzhèngjù
반대차로	对向车道	duìxiàngchēdào
반대해석	反对解释	fǎnduìjiěshì
반론	反驳	fǎnbó
	驳斥	bóchì
반문	反问	fǎnwèn
반박 ⇨ 반론		
반사회성	反社会性	fǎnshèhuìxìng
반사회적 인격장애	反社会人格障碍	fǎnshèhuìréngézhàng'ài
반사회적 행위	反社会行为	fǎnshèhuìxíngwéi
반성	反省	fǎnxǐng
	悔过	huǐguò

반성문	悔过书	huǐguòshū
	检讨书	jiǎntǎoshū
반성의 기미 ⇨ 개전의 정		
반성의 기미가 없다 ⇨ 개전의 정이 없다		
반성의 기미를 보이다 ⇨ 개전의 정을 보이다		
반성의 태도	反省态度	fǎnxǐngtàidù
	悔过态度	huǐguòtàidù
반소	反诉	fǎnsù
반송	退回	tuìhuí
반신불수	瘫痪	tānhuàn
반의사불벌죄	未经受害人同意不能处罚的犯罪	wèijīngshòuhàiréntóngyì bùnéngchǔfádefànzuì
반인도적 범죄	反人道罪	fǎnréndàozuì
반증	反证	fǎnzhèng
반항	反抗	tǎnkàng
반항을 억압하다	抑制反抗	yìzhìfǎnkàng
	压制反抗	yāzhìfǎnkàng
반환	返还	fǎnhuán
	退还	tuìhuán
반환을 거부하다	拒不返还	jùbúfǎnhuán
	拒绝返还	jùjuéfǎnhuán
반환청구권	返还请求权	fǎnhuánqǐngqiúquán
발각되다	被发觉	bèifājué
	被发现	bèifāxiàn
발견자	发现人	fāxiànrén
발급	签发	qiānfā
발문	发问	fāwèn
발버둥치다	挣扎	zhēngzhá
발부 ⇨ 발급		
발부년월일	签发年月日	qiānfāniányuèrì
발뺌	抵赖	dǐlài
	不认账	búrènzhàng
발산	发泄	fāxiè
	宣泄	xuānxiè
발생시간	案发时间	ànfāshíjiān

발생장소	案发地点	ànfādìdiǎn
	事发地点	shìfādìdiǎn
발송	发送	fāsòng
발송시간	发送时间	fāsòngshíjiān
발신번호	主叫号码	zhǔjiàohàomǎ
	来电号码	láidiànhàomǎ
발신번호표시	来电显示	láidiànxiǎnshì
발신번호표시제한	主叫号码未显示	zhǔjiàohàomǎwèixiǎnshì
	主叫号码识别限制	zhǔjiàohàomǎshíbiéxiànzhì
발신자	发信人	fāxìnrén
	主叫	zhǔjiào
발언권	发言权	fāyánquán
발자국	足迹	zújì
	脚印	jiǎoyìn
발작	发作	fāzuò
발화	起火	qǐhuǒ
발화원인	起火原因	qǐhuǒyuányīn
발화지점	起火地点	qǐhuǒdìdiǎn
발효	生效	shēngxiào
밤샘조사	通宵调查	tōngxiāodiàochá
밧줄	绳索	shéngsuǒ
	绳子	shéngzi
방검복	防刺衣	fángcìyī
	防刀衣	fángdāoyī
방계혈족	旁系血亲	pángxìxuèqīn
방관	旁观	pángguān
방범창	防盗窗	fángdàochuāng
방법의 상당성	方法的相当性	fāngfǎdexiāngdāngxìng
방법의 착오	方法错误	fāngfǎcuòwù
	打击错误	dǎjīcuòwù
방사선	放射线	fàngshèxiàn
방사성 물질	放射性物质	fàngshèxìngwùzhì
방수방해죄	妨害防水罪	fánghàifángshuǐzuì

방실	房室	fángshì
	房间	fángjiān
방아쇠	扳机	bānjī
방아쇠를 당기다	扳动扳机	bāndòngbānjī
	扣动扳机	kòudòngbānjī
방어권	防御权	fángyùquán
방어수단	防御手段	fángyùshǒuduàn
방어흔	抵抗伤	dǐkàngshāng
	抵抗痕迹	dǐkànghénjì
방역	防疫	fángyì
방위의사	防卫意图	fángwèiyìtú
방위행위	防卫行为	fángwèixíngwéi
방임	放任	fàngrèn
방조	帮助	bāngzhù
방조범	从犯	cóngfàn
	帮助犯	bāngzhùfàn
방증	旁证	pángzhèng
방청	旁听	pángtīng
방출	放出	fàngchū
방치	弃置	qìzhì
	搁置	gēzhì
방탄복	防弹衣	fángdànyī
	避弹衣	bìdànyī
방호복	防护服	fánghùfú
방화죄[19]	放火罪	fànghuǒzuì
배상	赔偿	péicháng
배상금액	赔偿金额	péichángjīn'é
배상청구	请求赔偿	qǐngqiúpéicháng
	索取赔偿	suǒqǔpéicháng
배석판사	陪席法官	péixífǎguān
배심원	陪审员	péishěnyuán
배심원단	陪审团	péishěntuán
배우자	配偶	pèi'ǒu
배임수재죄	背信受贿罪	bèixìnshòuhuìzuì
배임수증죄	背信受赠罪	bèixìnshòuzèngzuì

배임죄	背信罪	bèixìnzuì
	违背任务罪	wéibèirènwùzuì
배임증재죄	背信行贿罪	bèixìnxínghuìzuì
배제	排除	páichú
배치	部署	bùshǔ
	布置	bùzhì
배타적경제수역(EEZ)	专属经济区	zhuānshǔjīngjìqū
배회	徘徊	páihuái
배후 조종 ⇨ 막후 조종		
백(back)20)	靠山	kàoshān
	后台	hòutái
백골화	白骨化	báigúhuà
백미러21) ⇨ 룸미러, 사이드미러		
백색실선	白色实线	báisèshíxiàn
백색점선	白色虚线	báisèxūxiàn
백서	白皮书	báipíshū
백업	备份	bèifèn
백지수표	空白支票	kòngbáizhīpiào
백지형법	空白刑法	kòngbáixíngfǎ
버스전용차로	公交专用车道	gōngjiāozhuānyòngchēdào
번복	推翻	tuīfān
번역	翻译	fānyì
	笔译	bǐyì
번역인	翻译(人)	fānyì(rén)
	笔译人	bǐyìrén
벌금	罚金	fájīn
	罚款	fákuǎn
벌금납부	缴纳罚金	jiǎonàfájīn
벌금미납	未交罚金	wèijiāofájīn
	未缴纳罚金	wèijiǎonàfájīn
벌금분납	罚金分期缴纳	fájīnfēnqījiǎonà
벌금액수	罚金数额	fájīnshù'é
벌금형	罚金刑	fájīnxíng
벌칙	罚则	fázé

범법행위	犯法行为	fànfǎxíngwéi
범의	犯意	fànyì
범의유발형 함정수사	犯意诱发型诱惑侦查	fànyìyòufāxíngyòuhuò zhēnchá
범인	犯人	fànrén
	罪犯	zuìfàn
범인으로 호창되어 추적되고 있는 자	被追呼为犯人者	bèizhuīhūwéifànrénzhě
범인은닉죄	窝藏罪	wōcángzuì
	藏匿犯人罪	cángnìfànrénzuì
범정	犯罪情节	fànzuìqíngjié
범죄	犯罪	fànzuì
범죄객체	犯罪客体	fànzuìkètǐ
범죄결과	犯罪结果	fànzuìjiéguǒ
범죄결과 발생지	犯罪结果发生地	fànzuìjiéguǒfāshēngdì
범죄경력	(犯罪)前科	(fànzuì)qiánkē
	犯罪记录	fànzuìjìlù
범죄경력조회	(犯罪)前科查询	(fànzuì)qiánkēcháxún
	犯罪记录查询	fànzuìjìlùcháxún
범죄경력증명서	犯罪记录证明书	fànzuìjìlùzhèngmíngshū
범죄구성요건	犯罪构成要件	fànzuìgòuchéngyàojiàn
범죄능력	犯罪能力	fànzuìnénglì
범죄단체	犯罪集团	fànzuìjítuán
	犯罪团体	fànzuìtuántǐ
범죄단체구성원	犯罪集团成员	fànzuìjítuánchéngyuán
	犯罪团体成员	fànzuìtuántǐchéngyuán
범죄단체조직죄	组织犯罪集团罪	zǔzhīfànzuìjítuánzuì
	组织犯罪团体罪	zǔzhīfànzuìtuántǐzuì
범죄동기	犯罪动机	fànzuìdòngjī
	作案动机	zuò'àndòngjī
범죄를 저지르다	作案	zuò'àn
	犯下罪行	fànxiàzuìxíng
범죄목적	犯罪目的	fànzuìmùdì
범죄발생률	犯罪发生率	fànzuìfāshēnglǜ
범죄분석	犯罪分析	fànzuìfēnxi

범죄비용	犯罪成本	fànzuìchéngběn
범죄사실	犯罪事实	fànzuìshìshí
범죄사실을 숨기다	掩盖犯罪事实	yǎngàifànzuìshìshí
범죄사실을 인정하다	承认犯罪事实	chéngrènfànzuìshìshí
범죄사실의 요지	犯罪事实的要旨	fànzuìshìshídeyàozhǐ
범죄성립요건	犯罪成立要件	fànzuìchénglìyàojiàn
범죄소굴	犯罪窝点	fànzuìwōdiǎn
범죄소년	犯罪少年	fànzuìshàonián
범죄수단	犯罪手段	fànzuìshǒuduàn
범죄수사	犯罪侦查	fànzuìzhēnchá
범죄수익	犯罪收益	fànzuìshōuyì
	犯罪所得	fànzuìsuǒdé
범죄수익금	赃款	zāngkuǎn
범죄수익금 환수	追回赃款	zhuīhuízāngkuǎn
범죄심리	犯罪心理	fànzuìxīnlǐ
범죄예방	犯罪预防	fànzuìyùfáng
범죄예방환경설계	环境设计预防犯罪	huánjìngshèjìyùfángfànzuì
범죄예측	犯罪预测	fànzuìyùcè
범죄온상	犯罪温床	fànzuìwēnchuáng
범죄욕구	犯罪欲望	fànzuìyùwàng
범죄원인	犯罪原因	fànzuìyuányīn
범죄유형	犯罪类型	fànzuìlèixíng
범죄율	犯罪率	fànzuìlǜ
범죄의 경중	犯罪轻重	fànzuìqīngzhòng
범죄의사	犯罪意图	fànzuìyìtú
범죄의 성질	犯罪性质	fànzuìxìngzhì
범죄의 습벽	犯罪习癖	fànzuìxípǐ
범죄의 실행	犯罪实行	fànzuìshíxíng
	犯罪实施	fànzuìshíshī
범죄의 정상 ⇨ 범정		
범죄이론	犯罪理论	fànzuìlǐlùn
범죄인인도조약	罪犯引渡条约	zuìfànyǐndùtiáoyuē
범죄인지보고서	立案报告书	lì'ànbàogàoshū

범죄일람표	犯罪一览表	fànzuìyīlǎnbiǎo
	犯罪目录	fànzuìmùlù
범죄정보	犯罪情报	fànzuìqíngbào
범죄조직	犯罪组织	fànzuìzǔzhī
범죄주체	犯罪主体	fànzuìzhǔtǐ
범죄지	犯罪地	fànzuìdì
범죄지수	犯罪指数	fànzuìzhǐshù
범죄통계	犯罪统计	fànzuìtǒngjì
범죄학	犯罪学	fànzuìxué
범죄행위	犯罪行为	fànzuìxíngwéi
범죄현상	犯罪现象	fànzuìxiànxiàng
범죄현장	犯罪现场	fànzuìxiànchǎng
범죄현장을 정리하다	清理犯罪现场	qīnglǐfànzuìxiànchǎng
범죄혐의	犯罪嫌疑	fànzuìxiányí
	作案嫌疑	zuò'ànxiányí
범죄혐의가 소명되다	犯罪嫌疑被坐实	fànzuìxiányíbèizuòshí
	犯罪嫌疑被证实	fànzuìxiányíbèizhèngshí
범죄화	犯罪化	fēifànzuìhuà
범죄흐름도	犯罪流程图	fànzuìliúchéngtú
범칙금	违章罚款	wéizhāngfákuǎn
범칙금납부통고서	违章罚款通知书	wéizhāngfákuǎntōngzhīshū
범행 ⇨ 범죄행위		
범행결과	犯罪结果	fànzuìjiéguǒ
범행결의	犯罪决意	fànzuìjuéyì
	犯意表示	fànyìbiǎoshì
범행계획	犯罪计划	fànzuìjìhuà
범행과정	犯罪过程	fànzuìguòchéng
	作案过程	zuò'ànguòchéng
범행대상	犯罪对象	fànzuìduìxiàng
	作案对象	zuò'ànduìxiàng
범행도구	犯罪工具	fànzuìgōngjù
	作案工具	zuò'àngōngjù
범행동기 ⇨ 범죄동기		
범행동기 불명확	犯罪动机不明显	fànzuìdòngjībùmíngxiǎn

범행수법	犯罪手段	fànzuìshǒuduàn
	作案手法	zuò'ànshǒufǎ
범행시간	犯罪时间	fànzuìshíjiān
	作案时间	zuò'ànshíjiān
범행용 휴대폰	作案用手机	zuò'ànyòngshǒujī
범행을 단념하다	放弃犯罪	fàngqìfànzuì
범행을 입증하다	证实犯罪	zhèngshífànzuì
	证明犯罪	zhèngmíngfànzuì
범행을 재연하다	重演犯罪过程	chóngyǎnfànzuìguòchéng
범행특징	犯罪特点	fànzuìtèdiǎn
	作案特点	zuò'àntèdiǎn
범행 후의 정황	犯罪后的情况	fànzuìhòudeqíngkuàng
법감정	法感情	fǎgǎnqíng
법관	法官	fǎguān
법규범	法律规范	fǎlǜguīfàn
법규	法规	fǎguī
법령	法令	fǎlìng
법령에 의하여 허용된 행위	法令允许的行为	fǎlìngyǔnxǔdexíngwéi
법령에 의한 작위의무	基于法令的作为义务	jīyúfǎlìngdezuòwéiyìwù
법령에 의한 행위	依照法令的行为	yīzhàofǎlìngdexíngwéi
	法令行为	fǎlìngxíngwéi
법률	法律	fǎlǜ
법률고문	法律顾问	fǎlǜgùwèn
법률관계	法律关系	fǎlǜguānxi
법률명확성	法律明确性	fǎlǜmíngquèxìng
법률변경	法律变更	fǎlǜbiàngēng
법률분쟁	法律纠纷	fǎlǜjiūfēn
	法律纷争	fǎlǜfēnzhēng
법률불소급원칙	法律不溯及既往原则	fǎlǜbúsùjíjìwǎngyuánzé
법률상 가중	法律上的加重	fǎlǜshàngdejiāzhòng
법률상 감경	法律上的减轻	fǎlǜshàngdejiǎnqīng
법률상 의무	法律义务	fǎlǜyìwù
법률상담	法律咨询	fǎlǜzīxún
법률심	法律审	fǎlǜshěn
법률요건	法律要件	fǎlǜyàojiàn

법률의 부지	不知法律	bùzhīfǎlǜ
법률의 착오	法律错误	fǎlǜcuòwù
법률자문	法律咨询	fǎlǜzīxún
법률적용	法律适用	fǎlǜshìyòng
법률지식	法律知识	fǎlǜzhīshi
법률혼	法律婚姻	fǎlǜhūnyīn
법률효과	法律效果	fǎlǜxiàoguǒ
법리	法理	fǎlǐ
법리해석	法理解释	fǎlǐjiěshì
법망	法网	fǎwǎng
법망을 피하다	逃脱法网	táotuōfǎwǎng
법무부	法务部	fǎwùbù
법무연수원	法务研修院	fǎwùyánxiūyuàn
법안	法案	fǎ'àn
법에 저촉되다	抵触法律	dǐchùfǎlǜ
법원	法院	fǎyuàn
법원경위	法庭警察	fǎtíngjǐngchá
	法警	fǎjǐng
법원사무관	法院事务官	fǎyuànshìwùguān
법원서기	法院书记员	fǎyuànshūjìyuán
법원소재지	法院所在地	fǎyuànsuǒzàidì
법원에 계류 중	压在法院里	yāzàifǎyuànlǐ
	在法院挂着	zàifǎyuànguàzhe
법원에 현저한 사실	法院已经显著的事实	fǎyuànyǐjīngxiǎnzhùde shìshí
법의관	法医	fǎyī
법의학	法医学	fǎyīxué
법익	法益	fǎyì
법익교량	法益衡量	fǎyìhéngliang
법익균형성	法益均衡性	fǎyìjūnhéngxìng
법익침해	法益侵害	fǎyìqīnhài
법인	法人	fǎrén
법인격	法律人格	fǎlǜréngé
법인실재설	法人实在说	fǎrénshízàishuō
법인의제설	法人拟制说	fǎrénnǐzhìshuō

법인카드	法人卡	fǎrénkǎ
법적공방	法律攻防	fǎlǜgōngfáng
법적근거	法律依据	fǎlǜyījù
법적대응	法律应对	fǎlǜyìngduì
	依法应对	yīfǎyìngduì
법적안정성	法律稳定性	fǎlǜwěndìngxìng
법적으로 해결하다	依法解决	yīfǎjiějué
법적의무	法律义务	fǎlǜyìwù
법적절차	法律程序	fǎlǜchéngxù
법적책임	法律责任	fǎlǜzérèn
법정	法庭	fǎtíng
법정경찰권	法庭警察权	fǎtíngjǐngcháquán
법정공방	法庭攻防	fǎtínggōngfáng
법정구속	当庭逮捕	dāngtíngdàibǔ
법정기간	法定期限	fǎdìngqīxiàn
법정대리인	法定代理人	fǎdìngdàilǐrén
법정모욕죄	侮辱法庭罪	wǔrǔfǎtíngzuì
	藐视法庭罪	miǎoshìfǎtíngzuì
법정변론	法庭辩论	fǎtíngbiànlùn
법정소란	扰乱法庭秩序	rǎoluànfǎtíngzhìxù
법정심리	法庭审理	fǎtíngshěnlǐ
	庭审	tíngshěn
법정이율	法定利率	fǎdìnglìlǜ
법정이자	法定利息	fǎdìnglìxī
법정적 부합설	法定符合说	fǎdìngfúhéshuō
법정절차	法定程序	fǎdìngchéngxù
법정질서	法庭秩序	fǎtíngzhìxù
법정최고형	法定最高刑	fǎdìngzuìgāoxíng
법정최저형	法定最低刑	fǎdìngzuìdīxíng
법정통역	法庭翻译	fǎtíngfānyì
	法庭口译	fǎtíngkǒuyì
법정형	法定刑	fǎdìngxíng
법조경합	法条竞合	fǎtiáojìnghé
법질서	法(律)秩序	fǎ(lǜ)zhìxù
법치국가	法治国家	fǎzhìguójiā

벽돌	砖头	zhuāntóu
	砖石	zhuānshí
변개	改变	gǎibiàn
	改动	gǎidòng
변론	辩论	biànlùn
변론기일	辩论日期	biànlùnrìqī
변론능력	辩论能力	biànlùnnénglì
변론병합	辩论合并	biànlùnhébìng
변론분리	辩论分离	biànlùnfēnlí
변론서	辩论书	biànlùnshū
	辩护词	biànhùcí
변론요지	辩论要旨	biànlùnyàozhǐ
변론종결	辩论终结	biànlùnzhōngjié
변론주의	辩论主义	biànlùnzhǔyì
변론준비절차	辩论准备程序	biànlùnzhǔnbèichéngxù
변리사	专利代理人	zhuānlìdàilǐrén
변명	辩解	biànjiě
	申辩	shēnbiàn
변명할 기회	辩解的机会	biànjiědejīhuì
	申辩的机会	shēnbiàndejīhuì
변별능력	辨别能力	biànbiénénglì
변사	非正常死亡	fēizhèngchángsǐwáng
	横死	hèngsǐ
변사자	非正常死亡者	fēizhèngchángsǐwángzhě
	横死人	hèngsǐrén
변사체검시방해죄	妨害尸体检验罪	fánghàishītǐjiǎnyànzuì
변작	变造	biànzào
변제능력	还款能力	huánkuǎnnénglì
변제의사	还款意愿	huánkuǎnyìyuàn
변조 ⇨ 변작		
변조공문서행사죄	行使变造的公文罪	xíngshǐbiànzàodegōngwénzuì
변조유가증권행사죄	行使变造的有价证券罪	xíngshǐbiànzàodeyǒujiàzhèngquànzuì

변조통화행사죄	行使变造的货币罪	xíngshǐbiànzàodehuòbì zuì
변태	变态(狂)	biàntài(kuáng)
변태성욕	性变态	xìngbiàntài
	变态性欲	biàntàixìngyù
변호권	辩护权	biànhùquán
변호사	律师	lùshī
변호사 수임료	律师费	lùshīfèi
변호사 의견서	律师意见书	lùshīyìjiànshū
변호인	辩护人	biànhùrén
변호인석	辩护人席	biànhùrénxí
변호인 선임권	辩护人选任权	biànhùrénxuǎnrènquán
변호인 선임권자	辩护人选任权人	biànhùrénxuǎnrènquán rén
변호인을 선임하다	选任辩护人	xuǎnrènbiànhùrén
	聘请律师	pìnqǐnglùshī
변호인의 조력을 받을 권리	获得辩护人帮助的权利	huòdébiànhùrénbāngzhù dequánlì
변호인 접견권	辩护人会见权	biànhùrénhuìjiànquán
변호인 참여권	辩护人在场权	biànhùrénzàichǎngquán
변호인측	辩(护)方	biàn(hù)fāng
별거	分居	fēnjū
별도규정	特别规定	tèbiéguīdìng
별명	绰号	chuòhào
	外号	wàihào
병과주의	并科主义	bìngkēzhǔyì
병력	病史	bìngshǐ
병리해부	病理解剖	bìnglǐjiěpōu
병보석	保外就医	bǎowàijiùyī
	因病保释	yīnbìngbǎoshì
병사	病死	bìngsǐ
	病理性死亡	bìnglǐxìngsǐwáng
병역	兵役	bīngyì
병역기피	逃避兵役	táobìbīngyì
	拒服兵役	jùfúbīngyì

병역면제	免服兵役	miǎnfúbīngyì
	免役	miǎnyì
병역의무	兵役义务	bīngyìyìwù
병합	合并	hébìng
병합수사	并案侦查	bìng'ànzhēnchá
병합심리	合并审理	hébìngshěnlǐ
보강수사	补充侦查	bǔchōngzhēnchá
	退补侦查	tuìbǔzhēnchá
보강증거	补强证据	bǔqiángzhèngjù
	佐证	zuǒzhèng
보고	报告	bàogào
	上报	shàngbào
보관자	保管人	bǎoguǎnrén
보도	步道	bùdào
	人行道	rénxíngdào
보복	报复	bàofù
	报仇	bàochóu
보복범죄	报复犯罪	bàofùfànzuì
보복운전	报复性别车	bàofùxìngbièchē
	报复性驾驶	bàofùxìngjiàshǐ
보상	补偿	bǔcháng
보상금	补偿金	bǔchángjīn
보석	保释	bǎoshì
	取保候审	qǔbǎohòushěn
보석조건	保释条件	bǎoshìtiáojiàn
보석집행	执行保释	zhíxíngbǎoshì
보석청구	请求保释	qǐngqiúbǎoshì
보석취소	撤销保释	chèxiāobǎoshì
보석허가	批准保释	pīzhǔnbǎoshì
	准许保释	zhǔnxǔbǎoshì
보안관찰	保安观察	bǎo'ānguānchá
보안처분	保安处分	bǎo'ānchǔfèn
보이스피싱	电话诈骗	diànhuàzhàpiàn
	电信诈骗	diànxìnzhàpiàn
보조인	辅助人	fǔzhùrén

보증금	保证金	bǎozhèngjīn
	担保金	dānbǎojīn
보증금 납입	缴纳保证金	jiǎonàbǎozhèngjīn
보증금 몰취	没收保证金	mòshōubǎozhèngjīn
보증금 환부	退换保证金	tuìhuànbǎozhèngjīn
보증서	保证书	bǎozhèngshū
보증인[22]	保证人	bǎozhèngrén
	担保人	dānbǎorén
보증인의무	保证人义务	bǎozhèngrényìwù
보증인지위	保证人地位	bǎozhèngréndìwèi
보초	岗哨	gǎngshào
	步哨	bùshào
보초를 서다	站岗	zhàngǎng
	放哨	fàngshào
보충관계	补充关系	bǔchōngguānxi
보충규범	补充规范	bǔchōngguīfàn
보칙	补则	bǔzé
보통항고	普通抗告	pǔtōngkànggào
보편성	普遍性	pǔbiànxìng
보편적 법익	普遍法益	pǔbiànfǎyì
보편타당성	普遍妥当性	pǔbiàntuǒdàngxìng
보폭	步幅	bùfú
보행신호등	行人信号灯	xíngrénxìnhàodēng
보행자	行人	xíngrén
	路人	lùrén
보험금	保险金	bǎoxiǎnjīn
보험사고	保险事故	bǎoxiǎnshìgù
보험사기	保险诈骗	bǎoxiǎnzhàpiàn
보험설계사	保险代理人	bǎoxiǎndàilǐrén
보험증서	保(险)单	bǎo(xiǎn)dān
보험회사	保险公司	bǎoxiǎngōngsī
보호감호	保护监护	bǎohùjiānhù
보호관찰	保护观察	bǎohùguānchá
보호관찰기간	保护观察期(间)	bǎohùguāncháqī(jiān)
보호관찰소	保护观察所	bǎohùguānchásuǒ

보호관찰심사위원회	保护观察审查委员会	bǎohùguānchàshěnchá wěiyuánhuì
보호대상	保护对象	bǎohùduìxiàng
보호범위	保护范围	bǎohùfànwéi
보호법익	保护法益	bǎohùfǎyì
보호의무	保护义务	bǎohùyìwù
보호조치	保护措施	bǎohùcuòshī
보호처분	保护处分	bǎohùchǔfèn
복권	夏权	fùquán
	恢夏权利	huīfùquánlì
복면	蒙面	méngmiàn
	面具	miànjù
복면강도	蒙面抢劫	méngmiànqiǎngjié
복면도둑	蒙面小偷	méngmiànxiǎotōu
	蒙面窃贼	méngmiànqièzéi
복부	腹部	fùbù
	肚子	dùzi
복사문서	夏印文书	fùyìnwénshū
복사본	夏印件	fùyìnjiàn
복수 ⇨ 보복		
복어중독	河豚中毒	hétúnzhòngdú
복역	服刑	fúxíng
복원	恢夏	huīfù
복직	复职	fùzhí
복표	(福利)彩票	(fúlì)cǎipiào
복표발매죄	出售彩票罪	chūshòucǎipiàozuì
복표취득죄	取得彩票罪	qǔdécǎipiàozuì
본능적인 반응	本能反应	běnnéngfǎnyìng
본명	本名	běnmíng
본부	本部	běnbù
	总部	zǒngbù
본소	本诉	běnsù
본안	本案	běn'àn
본안소송	本案诉讼	běn'ànsùsòng
본인	本人	běnrén

본적	原籍	yuánjí
	籍贯	jíguàn
본증	本证	běnzhèng
본질	本质	běnzhì
본질적 권리	本质性权利	běnzhìxìngquánlì
봉쇄	封锁	fēngsuǒ
봉인	封印	fēngyìn
	封条	fēngtiáo
봉인을 뜯다	启封	qǐfēng
	撕开封条	sīkāifēngtiáo
봉인파괴	破坏封印	pòhuàifēngyìn
봉함	封缄	fēngjiān
부가형	附加刑	fùjiāxíng
부검	(尸体)解剖	(shītǐ)jiěpōu
	验尸	yànshī
부검의	验尸官	yànshīguān
부기	附记	fùjì
부담	负担	fùdān
부담액	负担额	fùdān'é
부당이득죄	不当得利罪	búdàngdélìzuì
부당한 개입	不当介入	búdàngjièrù
부당한 침해	不当侵害	búdàngqīnhài
부동산	不动产	búdòngchǎn
부동산강제집행효용침해죄	侵害不动产强制执行效力罪	qīnhàibúdòngchǎnqiángzhìzhíxíngxiàolìzuì
부동산등기부등본	不动产登记簿誊本	búdòngchǎndēngjìbùténgběn
부동산등기필증	房产证	fángchǎnzhèng
부동산임대차계약서	房屋租赁合同	fángwūzūlìnhétong
	不动产租赁合同	búdòngchǎnzūlìnhétong
부동의낙태죄	不同意堕胎罪	bùtóngyìduòtāizuì
	未经过同意的堕胎罪	wèijīngguòtóngyìdeduòtāizuì
부동의낙태치사죄	不同意堕胎致死罪	bùtóngyìduòtāizhìsǐzuì

부동의낙태치상죄	不同意堕胎致伤罪	bùtóngyìduòtāizhìshāng zuì
부득이한 사정	不得已的情况	bùdéyǐdeqíngkuàng
	迫不得已的情况	pòbùdéyǐdeqíngkuàng
부본	副本	fùběn
부부공동재산	夫妻共同财产	fūqīgòngtóngcáichǎn
부상	受伤	shòushāng
	损伤	sǔnshāng
부상자	受伤人员	shòushāngrényuán
	伤员	shāngyuán
부상정도	伤情程度	shāngqíngchéngdù
	受伤程度	shòushāngchéngdù
부속기관	附属机关	fùshǔjīguān
	附属单位	fùshǔdānwèi
부수처분	附随处分	fùsuíchǔfèn
부실공사	豆腐渣工程	dòufuzhāgōngchéng
	不良施工	bùliángshīgōng
부실수사	侦查不到位	zhēnchábúdàowèi
	侦查不足	zhēnchábùzú
부양의무	抚养义务	fǔyǎngyìwù
	赡养义务	shànyǎngyìwù
부인	否认	fǒurèn
	(死)不认罪	(sǐ)búrènzuì
부작위	不作为	búzuòwéi
부작위범	不作为犯	búzuòwéifàn
부작위범의 작위의무	不作为犯的作为义务	búzuòwéifàndezuòwéiyì wù
부정기형	不定期刑	búdìngqīxíng
부정사용공기호행사죄	行使不当使用的公务符号罪	xíngshǐbúdàngshǐyòng degōngwùfúhàozuì
부정사용공인행사죄	行使不当使用的公印罪	xíngshǐbúdàngshǐyòng degōngyìnzuì
부정사용사인행사죄	行使不当使用的私印罪	xíngshǐbúdàngshǐyòng desīyìnzuì
부정설	否定说	fǒudìngshuō

부정수표	非法支票	fēifǎzhīpiào
부정한 방법	不正当方法	búzhèngdàngfāngfǎ
	不正当手段	búzhèngdàngshǒuduàn
부성한 청탁	不正当请托	búzhèngdàngqǐngtuō
부정한 행위	不正当行为	búzhèngdàngxíngwéi
부진정부작위범	不真正不作为犯	bùzhēnzhèngbúzuòwéifàn
	不纯正不作为犯	bùchúnzhèngbúzuòwéifàn
부진정신분범	不真正身份犯	bùzhēnzhèngshēnfènfàn
	不纯正身份犯	bùchúnzhèngshēnfènfàn
부착물	附着物	fùzhuówù
	粘贴物	zhāntiēwù
부추기다	怂恿	sǒngyǒng
	鼓动	gǔdòng
부칙	附则	fùzé
부패	腐败	fǔbài
부하	下属	xiàshǔ
	下级	xiàjí
부화수행	附和随行	fùhèsuíxíng
분노	愤怒	fènnù
	愤慨	fènkǎi
분노조절장애	愤怒调节障碍	fènnùtiáojiézhàng'ài
분리심문	分开询问	fēnkāixúnwèn
분만	分娩	fēnmiǎn
분묘발굴죄	挖掘坟墓罪	wājuéfénmùzuì
분별	辨认	biànrèn
	辨别	biànbié
분별능력	辨认能力	biànrènnénglì
분비물	分泌物	fēnmìwù
분사기	喷射器	pēnshèqì
분신	自焚	zìfén
분실	丢失	diūshī
	遗失	yíshī
분실물	(遗)失物	(yí)shīwù
	丢失物品	diūshīwùpǐn
분실물(보관)센터	失物招领处	shīwùzhāolǐngchù

분실신고	挂失	guàshī
분실신고서	挂失单	guàshīdān
분실자	失主	shīzhǔ
분업	分工	fēngōng
분업이 철저하다	分工严密	fēngōngyánmì
분쟁	纠纷	jiūfēn
	纷争	fēnzhēng
분쟁조정	调解纠纷	tiáojiějiūfēn
불가매수성	不可收买性	bùkěshōumǎixìng
불가벌	不可罚	bùkěfá
불가벌적 사전행위	不可罚的事前行为	bùkěfádeshìqiánxíngwéi
	事前不可罚行为	shìqiánbùkěfáxíngwéi
불가벌적 사후행위	不可罚的事后行为	bùkěfádeshìhòuxíngwéi
	事后不可罚行为	shìhòubùkěfáxíngwéi
불가벌적 수반행위	不可罚的伴随行为	bùkěfádebànsuíxíngwéi
불가피성	不可避免性	bùkěbìmiǎnxìng
불가피한 사정	不可避免的情况	bùkěbìmiǎndeqíngkuàng
불가항력	不可抗力	bùkěkànglì
불가항력의 사유	不可抗力因素	bùkěkànglìyīnsù
	不可抗力事由	bùkěkànglìshìyóu
불고불리의 원칙	不告不理原则	búgàobùlǐyuánzé
불공평	不公平	bùgōngpíng
불구	残疾	cánjí
불기소	不起诉	bùqǐsù
불기소결정	不起诉决定	bùqǐsùjuédìng
불기소의견	不起诉意见	bùqǐsùyìjiàn
불기소처분	不起诉处分	bùqǐsùchǔfèn
불능미수	不能(犯)未遂	bùnéng(fàn)wèisuí
불능범	不能犯	bùnéngfàn
불리한 증거	不利的证据	búlìdezhèngjù
불문율	不成文规定	bùchéngwénguīdìng
	潜规则	qiánguīzé
불법감금죄	非法监禁罪	fēifǎjiānjìnzuì
불법개조	非法改装	fēifǎgǎizhuāng
불법거래	非法交易	fēifǎjiāoyì

불법건축	非法建筑	fēifǎjiànzhù
	违法建筑	wéifǎjiànzhù
불법고용	非法雇佣	fēifǎgùyōng
불법고의	不法故意	bùfǎgùyì
불법구금	非法拘禁	fēifǎjūjìn
불법동영상	非法视频	fēifǎshìpín
	不雅视频	bùyǎshìpín
불법마약소지	非法持有毒品	fēifǎchíyǒudúpǐn
불법복제	非法复制	fēifǎfùzhì
	非法拷贝	fēifǎkǎobèi
불법소지	非法持有	fēifǎchíyǒu
	非法携带	fēifǎxiédài
불법수렵	非法打猎	fēifǎdǎliè
	非法狩猎	fēifǎshòuliè
불법수색	非法搜查	fēifǎsōuchá
불법시위	非法示威	fēifǎshìwēi
불법영득의사	不法领得意思	bùfǎlǐngdéyìsi
불법유통	非法流通	fēifǎliútōng
불법으로 취득한 증거	非法获得的证据	fēifǎhuòdédezhèngjù
불법의료행위	非法行医	fēifǎxíngyī
불법의식	不法意识	bùfǎyìshí
불법입국 ⇨ 밀입국		
불법적인 수단	非法手段	fēifǎshǒuduàn
불법점유	非法占有	fēifǎzhànyǒu
불법조업	非法捕鱼	fēifǎbǔyú
	违法捕捞	wéifǎbǔlāo
불법체류	非法居留	fēifǎjūliú
	非法滞留	fēifǎzhìliú
불법체포죄	非法拘留罪	fēifǎjūliúzuì
불법총기소지	非法持有枪支	fēifǎchíyǒuqiāngzhī
불법촬영	非法拍摄	fēifǎpāishè
불법촬영물	偷拍视频	tōupāishìpín
	非法拍摄视频	fēifǎpāishèshìpín
불법취득	非法获取	fēifǎhuòqǔ
불법취업	非法就业	fēifǎjiùyè

불법침입	非法侵入	fēifǎqīnrù
불법침해	不法侵害	bùfǎqīnhài
불법행위	不法行为	bùfǎxíngwéi
불변기간	不变期间	búbiànqījiān
불복	不服	bùfú
불복신청	不服申请	bùfúshēnqǐng
불심검문	临时盘查	línshípánchá
	临时检查	línshíjiǎnchá
불안감	不安感	bù'āngǎn
	不安情绪	bù'ānqíngxù
불안감 조성	造成不安感	zàochéngbù'āngǎn
불요증사실	免证事实	miǎnzhèngshìshí
불이익변경금지의 원칙	上诉不加刑原则	shàngsùbùjiāxíngyuánzé
	禁止不利变更原则	jìnzhǐbúlìbiàngēngyuánzé
불이행	不履行	bùlǚxíng
불입건	不立案	búlì'àn
불출석	不到案	búdào'àn
	不到场	búdàochǎng
불출정	不出庭	bùchūtíng
	不到庭	búdàotíng
불치	不治	búzhì
불치병	不治之症	búzhìzhīzhèng
불쾌감	不快感	búkuàigǎn
불특정다수인	不特定多数人	bútèdìngduōshùrén
불특정인	不特定人	bútèdìngrén
불필요한 오해	不必要的误会	búbìyàodewùhuì
불확정적 고의	不确定故意	búquèdìnggùyì
붕괴	坍塌	tāntā
	垮塌	kuǎtā
붕대	绷带	bēngdài
브레이크	刹车	shāchē
	制动器	zhìdòngqì
브레이크를 밟다	踩(踏)刹车	cǎi(tà)shāchē
브리핑	简要报告	jiǎnyàobàogào
	简报	jiǎnbào

브이피엔(VPN)	虚拟专用网络	xūnǐzhuānyòngwǎngluò
블랙박스	黑匣子	hēixiázi
	行车记录仪	xíngchējìlùyí
블루칼라범죄	蓝领犯罪	lánlǐngfànzuì
비겁	卑鄙	bēibǐ
	胆怯	dǎnqiè
비경찰사안	非警务警情	fēijǐngwùjǐngqíng
	非警务事件	fēijǐngwùshìjiàn
비고	备注	bèizhù
비공개	不公开	bùgōngkāi
비공개심리	不公开审理	bùgōngkāishěnlǐ
비공개재판	不公开审判	bùgōngkāishěnpàn
비공식적 방법	非正式方法	fēizhèngshìfāngfǎ
	非正式手段	fēizhèngshìshǒuduàn
비극	悲剧	bēijù
	惨剧	cǎnjù
비난	非难	fēinàn
	责难	zénàn
비난가능성	非难可能性	fēinànkěnéngxìng
비례원칙	比例原则	bǐlìyuánzé
비명소리	惨叫声	cǎnjiàoshēng
	尖叫声	jiānjiàoshēng
비명횡사	死于非命	sǐyúfēimìng
비밀누설	泄露秘密	xièlòumìmì
	泄密	xièmì
비밀수사	秘密侦查	mìmìzhēnchá
비밀유지	保持秘密	bǎochímìmì
	保密	bǎomì
비밀장치	秘密装置	mìmìzhuāngzhì
비밀침해죄	侵害秘密罪	qīnhàimìmìzuì
비방	诽谤	fěibàng
비범죄화	非犯罪化	fēifànzuìhuà
비상벨	警铃	jǐnglíng
	报警器	bàojǐngqì
비상사태	紧急状态	jǐnjízhuàngtài

비상상고	非常上告	fēichángshànggào
비상소집	紧急集合	jǐnjíjíhé
	紧急动员	jǐnjídòngyuán
비수	匕首	bǐshǒu
비약적 상고	越级上告	yuèjíshànggào
비용	费用	fèiyòng
비용납입	缴纳费用	jiǎonàfèiyòng
비용배상	赔偿费用	péichángfèiyòng
비인도적	非人道	fēiréndào
비일신전속적 법익	非一身专属法益	fēiyīshēnzhuānshǔfǎyì
비자	签证	qiānzhèng
비자연기	签证延期	qiānzhèngyánqī
비접촉사고	非接触(性交通)事故	fēijiēchù(xìngjiāotōng)shìgù
비정상	不正常	búzhèngcháng
	反常	fǎncháng
비참	悲惨	bēicǎn
비친고죄	非亲告罪	fēiqīngàozuì
비트코인	比特币	bǐtèbì
비행금지구역	禁飞区	jìnfēiqū
비행청소년	失足青少年	shīzúqīngshàonián
	不良青少年	bùliángqīngshàonián
비호	庇护	bìhù
	包庇	bāobì
비호세력	庇护势力	bìhùshìlì
	包庇势力	bāobìshìlì
빅데이터	大数据	dàshùjù
빈곤	贫困	pínkùn
	贫穷	pínqióng
빠루	撬棍	qiàogùn
	起钉器	qǐdīngqì
뺑소니	(交通)肇事逃逸	(jiāotōng)zhàoshìtáoyì
뺨	面颊	miànjiá
	脸颊	liǎnjiá

한중 형사법률용어사전

사각지대	死角(地带)	sǐjiǎo(dìdài)
	盲区	mángqū
사건	案件	ànjiàn
	事件	shìjiàn
사건개요	案件概要	ànjiàngàiyào
	案由	ànyóu
사건경과	案件经过	ànjiànjīngguò
사건경위	案件情节	ànjiànqíngjié
	案情	ànqíng
사건계속법원	案件系属法院	ànjiànxìshǔfǎyuàn
사건관계인	案件关系人	ànjiànguānxirén
사건기록	案件卷宗	ànjiànjuànzōng
	案件材料	ànjiàncáiliào
사건기록목록	案件卷宗目录	ànjiànjuànzōngmùlù
사건담당경찰	办案警察	bàn'ànjǐngchá
사건담당자	办案人(员)	bàn'ànrén(yuán)
사건당일	案发当天	ànfādāngtiān
사건명	案件名称	ànjiànmíngchēng
사건발단	案件发端	ànjiànfāduān
	案件起因	ànjiànqǐyīn
사건발생지	案发地点	ànfādìdiǎn
사건배경	案件背景	ànjiànbèijǐng
사건번호	案件编号	ànjiànbiānhào
사건서류	案件档案	ànjiàndàng'àn
	案件资料	ànjiànzīliào
사건송치[23]	案件移送	ànjiànyísòng

사건송치서	案件移送书	ànjiànyísòngshū
사건수리	受理案件	shòulǐànjiàn
	受案	shòu'àn
사건에 연루되다	涉案	shè'àn
사건연루자	涉案人员	shè'ànrényuán
사건이송	案件移交	ànjiànyíjiāo
사건접수 ⇨ 사건수리		
사건접수부	受案登记表	shòu'àndēngjìbiǎo
사건정보	案件信息	ànjiànxìnxī
사건조사	调查案件	diàochá'ànjiàn
	查案	chá'àn
사건종결	结束案件	jiéshù'ànjiàn
	结案	jié'àn
사건처리	办理案件	bànlǐ'ànjiàn
	办案	bàn'àn
사건처리결과통지서	案件处理结果通知书	ànjiànchǔlǐjiéguǒtōngzhīshū
사건처리기간	办案期限	bàn'ànqīxiàn
사건처리절차	办案程序	bàn'ànchéngxù
사건처리진행상황	案件进展情况	ànjiànjìnzhǎnqíngkuàng
	办案进度	bàn'ànjìndù
사건해결	破案	pò'àn
	归案	guī'àn
사건현장	案发现场	ànfāxiànchǎng
사고다발지역	事故多发地点	shìgùduōfādìdiǎn
	事故多发路段	shìgùduōfālùduàn
사고발생시간	事故发生时间	shìgùfāshēngshíjiān
사고발생지점	事故发生地点	shìgùfāshēngdìdiǎn
사고사	意外死亡	yìwàisǐwáng
사고야기차량	肇事车辆	zhàoshìchēliàng
사고운전자	肇事司机	zhàoshìsījī
사고차량	事故车辆	shìgùchēliàng
사고책임자	事故责任人	shìgùzérènrén
사고현장	事故现场	shìgùxiànchǎng
사고흔적	事故痕迹	shìgùhénjì

사기문자	诈骗短信	zhàpiànduǎnxìn
사기전화	诈骗电话	zhàpiàndiànhuà
사기죄	诈骗罪	zhàpiànzuì
사기집단	诈骗集团	zhàpiànjítuán
	诈骗团伙	zhàpiàntuánhuǒ
사단법인	社团法人	shètuánfǎrén
사례(事例)	案例	ànlì
사례금	酬谢金	chóuxièjīn
	酬劳	chóuláo
사리분별능력	辨别是非能力	biànbiéshìfēinénglì
	分辨是非能力	fēnbiànshìfēinénglì
사망	死亡	sǐwáng
사망선고	宣告死亡	xuāngàosǐwáng
사망시간	死亡时间	sǐwángshíjiān
사망원인	死亡原因	sǐwángyuányīn
사망자	死者	sǐzhě
	死人	sǐrén
사망진단서	死亡诊断书	sǐwángzhěnduànshū
사망추정	推定死亡	tuīdìngsǐwáng
사망통지서	死亡通知书	sǐwángtōngzhīshū
사면	赦免	shèmiǎn
사무소	事务所	shìwùsuǒ
사문서	私人文书	sīrénwénshū
	私人文件	sīrénwénjiàn
사문서변조죄	变造私人文书罪	biànzàosīrénwénshūzuì
사문서위조죄	伪造私人文书罪	wěizàosīrénwénshūzuì
사물관할	事物管辖	shìwùguǎnxiá
사물변별능력	辨别事物能力	biànbiéshìwùnénglì
사법개혁	司法改革	sīfǎgǎigé
사법경찰	司法警察	sīfǎjǐngchá
사법고시	司法考试	sīfǎkǎoshì
사법권	司法权	sīfǎquán
사법기관	司法机关	sīfǎjīguān
사법연수생	司法研修生	sīfǎyánxiūshēng
사법연수원	司法研修院	sīfǎyánxiūyuàn

사법질서	司法秩序	sīfǎzhìxù
사법처리	司法处置	sīfǎchǔzhì
사법해석	司法解释	sīfǎjiěshì
사변	事变	shìbiàn
사복경찰	便衣警察	biànyījǐngchá
사살	击毙	jībì
	射杀	shèshā
사상범	思想犯	sīxiǎngfàn
사상자	伤亡	shāngwáng
	死伤者	sǐshāngzhě
사상자수	伤亡人数	shāngwángrénshù
사생활	隐私	yǐnsī
	私生活	sīshēnghuó
사생활침해	侵犯隐私	qīnfànyǐnsī
	侵犯私生活	qīnfànsīshēnghuó
사선변호인	私选辩护人	sīxuǎnbiànhùrén
사설탐정	私家侦探	sījiāzhēntàn
사소한 시비	小纠纷	xiǎojiūfēn
	小矛盾	xiǎomáodùn
사술	欺诈手段	qīzhàshǒuduàn
사실관계	事实关系	shìshíguānxi
사실대로 대답하다	如实回答	rúshíhuídá
사실대로 증언하다	如实作证	rúshízuòzhèng
사실대로 진술하다	如实陈述	rúshíchénshù
사실무근	毫无根据	háowúgēnjù
	无凭无据	wúpíngwújù
사실심	事实审	shìshíshěn
사실오인	事实误认	shìshíwùrèn
사실을 왜곡하다	扭曲事实	niǔqūshìshí
사실의 인정	事实认定	shìshírèndìng
사실의 착오	事实错误	shìshícuòwù
사실적 근거	事实依据	shìshíyījù
	事实根据	shìshígēnjù
사실조사	事实调查	shìshídiàochá

사실증명에 관한 문서	有关事实证明的文书	yǒuguānshìshízhèng míngdewénshū
사실혼	事实婚姻	shìshíhūnyīn
사악	邪恶	xié'è
사업자등록증	商业登记证	shāngyèdēngjìzhèng
사업주	业主	yèzhǔ
사용절도	使用盗窃	shǐyòngdàoqiè
사이드미러	外后视镜	wàihòushìjìng
	侧(后)视镜	cè(hòu)shìjìng
사이렌	警笛	jǐngdí
	警报	jǐngbào
사이렌을 울리다	拉响警笛	lāxiǎngjǐngdí
	拉响警报	lāxiǎngjǐngbào
사이버경찰	网络警察	wǎngluòjǐngchá
	网警	wǎngjǐng
사이버도박	网络赌博	wǎngluòdǔbó
사이버머니	网络货币	wǎngluòhuòbì
사이버범죄	网络犯罪	wǎngluòfànzuì
사이버수사	网络犯罪侦查	wǎngluòfànzuìzhēnchá
사이버수사대	网络犯罪侦查队	wǎngluòfànzuìzhēnchá duì
사이버안전	网络安全	wǎngluò'ānquán
사이버테러	网络恐怖	wǎngluòkǒngbù
사이버폭력	网络暴力	wǎngluòbàolì
사이코패스	精神变态	jīngshénbiàntài
	心理变态	xīnlǐbiàntài
사이트링크	网站链接	wǎngzhànliànjiē
	站点链接	zhàndiǎnliànjiē
사익	私益	sīyì
	个人利益	gèrénlìyì
사인(私人)	私人	sīrén
사인(死因)	死因	sǐyīn
사인(私印)	私印	sīyìn
사인규명	查明死因	chámíngsǐyīn
	查清死因	cháqīngsǐyīn

사인부정사용죄	不当使用私印罪	búdàngshǐyòngsīyìnzuì
사인불명	死因不明	sǐyīnbùmíng
사인소추주의	私人追诉主义	sīrénzhuīsùzhǔyì
사인위조죄	伪造私印罪	wěizàosīyìnzuì
사입구	射入口	shèrùkǒu
사자명예훼손죄	毁损死者名誉罪	huǐsǔnsǐzhěmíngyùzuì
	损害死者名誉罪	sǔnhàisǐzhěmíngyùzuì
사전고의	事前故意	shìqiángùyì
사전공범	事前共犯	shìqiángòngfàn
사전구속영장	事前逮捕令	shìqiándàibǔlìng
사전답사	事前踩点	shìqiáncǎidiǎn
사전모의	事前合谋	shìqiánhémóu
	预谋	yùmóu
사전수뢰죄	事前受贿罪	shìqiánshòuhuìzuì
사전자기록변작죄	变造私人电磁记录罪	biànzàosīréndiàncíjìlùzuì
사전자기록위작죄	伪造私人电磁记录罪	wěizàosīréndiàncíjìlùzuì
사죄	谢罪	xièzuì
	赔礼道歉	péilǐdàoqiàn
사주	唆使	suōshǐ
	指使	zhǐshǐ
사주된 동물	被唆使的动物	bèisuōshǐdedòngwù
사증 ⇨ 비자		
사지	四肢	sìzhī
사창가	暗娼(窝)点	ànchāng(wō)diǎn
사채	私人放贷	sīrénfàngdài
	私人放债	sīrénfàngzhài
사채업자	职业放贷人	zhíyèfàngdàirén
	放高利贷的人	fànggāolìdàiderén
사체	尸体	shītǐ
사체검안서 ⇨ 검안서		
사체손괴죄	损坏尸体罪	sǔnhuàishītǐzuì
	毁坏尸体罪	huǐhuàishītǐzuì
사체영득죄	盗窃尸体罪	dàoqièshītǐzuì
사체오욕죄	侮辱尸体罪	wǔrǔshītǐzuì
사체유기죄	遗弃尸体罪	yíqìshītǐzuì

사출구	射出口	shèchūkǒu
사칭	冒充	màochōng
	假冒	jiǎmào
사행성 게임	赌博性游戏	dǔbóxìngyóuxì
사형	死刑	sǐxíng
사형수	死囚	sǐqiú
	死刑犯	sǐxíngfàn
사형존치론	死刑存置论	sǐxíngcúnzhìlùn
사형폐지론	死刑废除论	sǐxíngfèichúlùn
	死刑废止论	sǐxíngfèizhǐlùn
사회경력	社会经历	shèhuìjīnglì
사회관계	社会关系	shèhuìguānxi
사회관념	社会观念	shèhuìguānniàn
사회복귀	回归社会	huíguīshèhuì
사회봉사명령	社会服务令	shèhuìfúwùlìng
사회상규	社会常规	shèhuìchángguī
사회상규에 위배되지 않는 행위	不违背社会常规的行为	bùwéibèishèhuìchángguī dexíngwéi
사회윤리	社会伦理	shèhuìlúnlǐ
사회적 법익	社会法益	shèhuìfǎyì
사회적 불만	社会不满情绪	shèhuìbùmǎnqíngxù
사회적 상당성	社会相当性	shèhuìxiāngdāngxìng
사회적 약자	社会弱势群体	shèhuìruòshìqúntǐ
	社会弱者	shèhuìruòzhě
사회적 위험성	社会危险性	shèhuìwēixiǎnxìng
사회적 유해성	社会危害性	shèhuìwēihàixìng
사회적 이목	社会瞩目	shèhuìzhǔmù
	社会关注	shèhuìguānzhù
사회적 책임론	社会责任论	shèhuìzérènlùn
사회적 혼란	社会混乱	shèhuìhùnluàn
사회정의	社会正义	shèhuìzhèngyì
사회질서	社会秩序	shèhuìzhìxù
사회질서에 반하는 행위	违反社会秩序的行为	wéifǎnshèhuìzhìxùdexíng wéi
사회통념	社会通念	shèhuìtōngniàn

사회환경	社会环境	shèhuìhuánjìng
사후경직	死后僵硬	sǐhòujiāngyìng
사후고의	事后故意	shìhòugùyì
사후공범	事后共犯	shìhòugòngfàn
사후구제	事后救济	shìhòujiùjì
사후법	事后法	shìhòufǎ
사후분만	死后分娩	sǐhòufēnmiǎn
사후손상	死后伤	sǐhòushāng
사후수뢰죄	事后受贿罪	shìhòushòuhuìzuì
사후입법금지	禁止事后法	jìnzhǐshìhòufǎ
사후종범	事后从犯	shìhòucóngfàn
산업기밀	商业机密	shāngyèjīmì
	商业秘密	shāngyèmìmì
산업기밀유출	泄露商业机密	xièlòushāngyèjīmì
산업스파이	商业间谍	shāngyèjiàndié
	工业间谍	gōngyèjiàndié
산업연수생	产业进修生	chǎnyèjìnxiūshēng
산입	计算	jìsuàn
	折抵	zhédǐ
살기	杀气	shāqì
살상	杀伤	shāshāng
살수차	水炮车	shuǐpàochē
살인범	杀人犯	shārénfàn
	杀手	shāshǒu
살인사건	命案	mìng'àn
	杀人案	shārén'àn
살인죄	(故意)杀人罪	(gùyì)shārénzuì
살포	散布	sànbù
삼권분립	三权分立	sānquánfēnlì
삼단봉	伸缩警棍	shēnsuōjǐnggùn
삼심제	三审终审制	sānshěnzhōngshěnzhì
상고24)	上告	shànggào
상고권	上告权	shànggàoquán
상고권소멸	上告权消灭	shànggàoquánxiāomiè
상고권자	上告权人	shànggàoquánrén

상고기각	驳回上告	bóhuíshànggào
상고기간	上告期限	shànggàoqīxiàn
상고법원	上告法院	shànggàofǎyuàn
상고심	上告审	shànggàoshěn
상고이유	上告理由	shànggàolǐyóu
상고인	上告人	shànggàorén
상고장	上告状	shànggàozhuàng
상고제기	提起上告	tíqǐshànggào
상고취하	撤回上告	chèhuíshànggào
상고포기	放弃上告	fàngqìshànggào
상관	上级	shàngjí
	上司	shàngsi
상급법원	上级法院	shàngjífǎyuàn
상급심	上级法院审理	shàngjífǎyuànshěnlǐ
상당인과관계	相当因果关系	xiāngdāngyīnguǒguānxi
상당한 이유	相当理由	xiāngdānglǐyóu
상대방	对方	duìfāng
상대방향	相对方向	xiāngduìfāngxiàng
상대적 박탈감	相对剥夺感	xiāngduìbōduógǎn
상대적 부정기형	相对不定期刑	xiāngduìbúdìngqīxíng
상반되는 진술	相反陈述	xiāngfǎnchénshù
상반신	上(半)身	shàng(bàn)shēn
상부	上面(儿)	shàngmian(r)
	上头	shàngtou
상사 ⇨ 상관		
상상적 경합	想象竞合	xiǎngxiàngjìnghé
상선	上线	shàngxiàn
상설기구	常设机构	chángshèjīgòu
상세자료	详细资料	xiángxìzīliào
상세한 과정	详细经过	xiángxìjīngguò
	详细过程	xiángxìguòchéng
상소25)	上诉	shàngsù
상소권	上诉权	shàngsùquán
상소권소멸	上诉权消灭	shàngsùquánxiāomiè
상소권자	上诉权人	shàngsùquánrén

상소권회복	恢复上诉权	huīfùshàngsùquán
상소기각	驳回上诉	bóhuíshàngsù
상소기간	上诉期限	shàngsùqīxiàn
상소법원	上诉法院	shàngsùfǎyuàn
상소심	上诉审	shàngsùshěn
상소이유	上诉理由	shàngsùlǐyóu
상소인	上诉人	shàngsùrén
상소장	上诉状	shàngsùzhuàng
상소제기	提起上诉	tíqǐshàngsù
상소취하	撤回上诉	chèhuíshàngsù
상소포기	放弃上诉	fàngqìshàngsù
상속	继承	jìchéng
상속인	继承人	jìchéngrén
상속재산	继承财产	jìchéngcáichǎn
상습범	惯犯	guànfàn
상실	丧失	sàngshī
상업장부	商业账簿	shāngyèzhàngbù
상처	伤口	shāngkǒu
	创伤	chuāngshāng
상처가 아물다	伤口愈合	shāngkǒuyùhé
	创伤愈合	chuāngshāngyùhé
상처투성이 ⇨ 만신창이		
상태범	状态犯	zhuàngtàifàn
상표권	商标权	shāngbiāoquán
상해죄	(故意)伤害罪	(gùyì)shānghàizuì
상해진단서	伤害诊断书	shānghàizhěnduànshū
상해치사죄	伤害致死罪	shānghàizhìsǐzuì
상호불가침	互不侵犯	hùbùqīnfàn
상호신문 ⇨ 교차신문		
상환	还款	huánkuǎn
	偿还	chánghuán
상환능력 ⇨ 변제능력		
상환의사 ⇨ 변제의사		
상황실	指挥中心	zhǐhuīzhōngxīn
	指挥室	zhǐhuīshì

상훈	褒奖功勋	bāojiǎnggōngxūn
상흔	伤痕	shānghén
생계	生计	shēngjì
생계곤란	生计困难	shēngjìkùnnan
생계유지	维持生计	wéichíshēngjì
생계형 범죄	生计型犯罪	shēngjìxíngfànzuì
생년월일	出生年月日	chūshēngniányuèrì
생명	生命	shēngmìng
생명권	生命权	shēngmìngquán
생명에 지장은 없다	没有生命危险	méiyǒushēngmìngwēixiǎn
생명형	生命刑	shēngmìngxíng
생물학적 사망	生物学死亡	shēngwùxuésǐwáng
생사람을 잡다	冤枉好人	yuānwanghǎorén
	诬陷好人	wūxiànhǎorén
생사불명	生死不明	shēngsǐbùmíng
생식기	生殖器	shēngzhíqì
	性器官	xìngqìguān
생전손상	生前伤	shēngqiánshāng
생존자	生存者	shēngcúnzhě
	幸存者	xìngcúnzhě
생활고	生活困难	shēnghuókùnnan
	贫困之苦	pínkùnzhīkǔ
생활고에 시달리다	饱受生活困难	bǎoshòushēnghuókùnnan
	受到贫困之苦	shòudàopínkùnzhīkǔ
생활반응	生活反应	shēnghuófǎnyìng
생활비	生活费	shēnghuófèi
생활비를 마련하다	筹集生活费	chóujíshēnghuófèi
	赚取生活费	zhuànqǔshēnghuófèi
생활필수품	生活必需品	shēnghuóbìxūpǐn
서류	文件	wénjiàn
	文书	wénshū
서면	书面	shūmiàn
서면고지	书面告知	shūmiàngàozhī

서면심리	书面审理	shūmiànshěnlǐ
서면의견서	书面意见书	shūmiànyìjiànshū
서면진술	书面陈述	shūmiànchénshù
서면통지	书面通知	shūmiàntōngzhī
서명	签名	qiānmíng
	签字	qiānzì
서명거부	拒绝签名	jùjuéqiānmíng
	拒绝签字	jùjuéqiānzì
서명날인	签名盖章	qiānmínggàizhāng
	签字盖章	qiānzìgàizhāng
서명무인	签名按手印	qiānmíng'ànshǒuyìn
	签字按手印	qiānzì'ànshǒuyìn
서신	书信	shūxìn
	信件	xìnjiàn
서증	书面证据	shūmiànzhèngjù
	书证	shūzhèng
서행	慢行	mànxíng
석명권	释明权	shìmíngquán
석방	释放	shìfàng
선거	选举	xuǎnjǔ
선거권	选举权	xuǎnjǔquán
선거권 상실	丧失选举权	sàngshīxuǎnjǔquán
선거권 정지	停止选举权	tíngzhǐxuǎnjǔquán
선거방해죄	妨害选举罪	fánghàixuǎnjǔzuì
선거인	选民	xuǎnmín
	选举人	xuǎnjǔrén
선고	宣告	xuāngào
선고기일	宣告日期	xuāngàorìqī
선고유예	暂缓宣告	zànhuǎnxuāngào
	缓期宣告	huǎnqīxuāngào
선고형	宣告刑	xuāngàoxíng
선동	煽动	shāndòng
	扇动	shāndòng
선량한 풍속	善良风俗	shànliángfēngsú
선박	船舶	chuánbó

선서	宣誓	xuānshì
선서거부	拒绝宣誓	jùjuéxuānshì
선서무능력	无宣誓能力	wúxuānshìnénglì
선서서	宣誓书	xuānshìshū
선서취지	宣誓主旨	xuānshìzhǔzhǐ
선의	善意	shànyì
선의의 제3자	善意第三人	shànyìdìsānrén
선의취득	善意取得	shànyìqǔdé
선임	选任	xuǎnrèn
	聘请	pìnqǐng
선임권	选任权	xuǎnrènquán
선임권자	选任权人	xuǎnrènquánrén
선적지	船籍地	chuánjídì
선전	宣传	xuānchuán
선착지	停泊地	tíngbódì
선택형	选择刑	xuǎnzéxíng
선행행위	先行行为	xiānxíngxíngwéi
선행행위에 의한 작위의무	基于先行行为的作为义务	jīyúxiānxíngxíngwéide zuòwéiyìwù
설득	说服	shuōfú
	劝说	quànshuō
설득력	说服力	shuōfúlì
설립목적	设立目的	shèlìmùdì
성(性)을 매수하다	嫖娼	piáochāng
	嫖妓	piáojì
성격장애	性格障碍	xìnggézhàng'ài
성기 ⇨ 생식기		
성년의 여자	成年妇女	chéngniánfùnǚ
성도착증	性倒错(症)	xìngdǎocuò(zhèng)
성매매	性交易	xìngjiāoyì
	卖淫嫖娼	màiyínpiáochāng
성매매특별법	性交易特别法	xìngjiāoyìtèbiéfǎ
성매수남	嫖客	piáokè
성명	姓名	xìngmíng
성명불상	姓名不详	xìngmíngbùxiáng

성문	声纹	shēngwén
성문감정	声纹鉴定	shēngwénjiàndìng
성문분석	声纹分析	shēngwénfēnxi
성범죄	性犯罪	xìngfànzuì
성변태 ⇨ 변태성욕		
성별	性别	xìngbié
성욕	性欲	xìngyù
성욕을 만족시키다	满足性欲	mǎnzúxìngyù
성인사이트	成人网站	chéngrénwǎngzhàn
성인지 감수성	性别敏感性	xìngbiémǐngǎnxìng
성적 굴욕감	性屈辱感	xìngqūrǔgǎn
성적 만족	性满足	xìngmǎnzú
성적 수치심	性羞耻心	xìngxiūchǐxīn
	性羞耻感	xìngxiūchǐgǎn
성적 욕망	性欲望	xìngyùwàng
성적 자기결정권	性自主决定权	xìngzìzhǔjuédìngquán
성적 착취	性剥削	xìngbōxuē
성적 호기심	性好奇	xìnghàoqí
성전환자	变性人	biànxìngrén
성접대	性招待	xìngzhāodài
	色情招待	sèqíngzhāodài
성직자	神职人员	shénzhírényuán
성착취	性剥削	xìngbōxuē
성폭력	性暴力	xìngbàolì
	性侵	xìngqīn
성폭력범죄 처벌 등에 관한 특례법	性暴力犯罪处罚特别法	xìngbàolìfànzuìchǔfátèbiéfǎ
성폭력치료프로그램	性暴力治疗课程	xìngbàolìzhìliáokèchéng
성폭행 ⇨ 성폭력		
성풍속	性风俗	xìngfēngsú
성행	性格品行	xìnggépǐnxíng
성희롱	性骚扰	xìngsāorǎo
세계주의	世界主义	shìjièzhǔyì
세관	海关	hǎiguān

세관공무원 아편수입죄	海关公务员输入鸦片罪	hǎiguāngōngwùyuánshū rùyāpiànzuì
세무사	税务士	shuìwùshì
세입자	承租人	chéngzūrén
	租客	zūkè
셉테드(CPTED) ⇨ 범죄예방환경설계		
소개비	介绍费	jièshàofèi
소굴	窝点	wōdiǎn
소극적 방어	消极防守	xiāojífángshǒu
소극적 안락사	消极安乐死	xiāojí'ānlèsǐ
소극적 저항	消极抵抗	xiāojídǐkàng
소급	溯及	sùjí
	追溯	zhuīsù
소급효	溯及力	sùjílì
	追溯(效)力	zhuīsù(xiào)lì
소급효금지의 원칙	禁止溯及既往原则	jìnzhǐsùjíjìwǎngyuánzé
소년교도소	少年监狱	shàoniánjiānyù
소년범	少年犯	shàoniánfàn
소년보호사건	少年保护案件	shàoniánbǎohù'ànjiàn
소년보호시설	少年保护设施	shàoniánbǎohùshèshī
소년부	少年部	shàoniánbù
소년부판사	少年部法官	shàoniánbùfǎguān
소년분류심사원	少年分类审查院	shàoniánfēnlèishěncháyuàn
소년원	少年院	shàoniányuàn
	少年犯管教所	shàoniánfànguǎnjiàosuǒ
소란을 피우다	捣乱	dǎoluàn
	扰乱	rǎoluàn
소매	衣袖	yīxiù
	袖子	xiùzi
소매치기	扒手	páshǒu
소매치기단	扒手团伙	páshǒutuánhuǒ
	扒窃团伙	páqiètuánhuǒ
소매치기하다	扒窃	páqiè
소멸시효	消灭时效	xiāomièshíxiào

소명자료	申辩材料	shēnbiàncáiliào
소방관	消防(人)员	xiāofáng(rén)yuán
소변검사	尿液检测	niàoyèjiǎncè
	尿检	niàojiǎn
소변샘플	尿液样本	niàoyèyàngběn
	尿样	niàoyàng
소비자권익	消费者权益	xiāofèizhěquányì
소비자보호원	消费者保护院	xiāofèizhěbǎohùyuàn
소사	烧死	shāosǐ
소속법관	所属法官	suǒshǔfǎguān
소속법원	所属法院	suǒshǔfǎyuàn
소송	诉讼	sùsòng
소송결과	诉讼结果	sùsòngjiéguǒ
소송계속	诉讼系属	sùsòngxìshǔ
소송관계인	诉讼关系人	sùsòngguānxirén
소송기록	诉讼记录	sùsòngjìlù
	诉讼卷宗	sùsòngjuànzōng
소송능력	诉讼能力	sùsòngnénglì
소송당사자	诉讼当事人	sùsòngdāngshìrén
소송대리	诉讼代理	sùsòngdàilǐ
소송대리권	诉讼代理权	sùsòngdàilǐquán
소송대리인	诉讼代理人	sùsòngdàilǐrén
소송목적	诉讼目的	sùsòngmùdì
소송비용	诉讼费用	sùsòngfèiyòng
소송비용을 납부하다	交纳诉讼费用	jiāonàsùsòngfèiyòng
소송비용을 부담하다	承担诉讼费用	chéngdānsùsòngfèiyòng
소송사기	诉讼诈骗	sùsòngzhàpiàn
	诉讼欺诈	sùsòngqīzhà
소송서류	诉讼文件	sùsòngwénjiàn
	诉讼文书	sùsòngwénshū
소송절차	诉讼程序	sùsòngchéngxù
소송제기	提起诉讼	tíqǐsùsòng
소송조건	诉讼条件	sùsòngtiáojiàn
소송주체	诉讼主体	sùsòngzhǔtǐ
소송지연	拖延诉讼	tuōyánsùsòng

소송지휘권	诉讼指挥权	sùsòngzhǐhuīquán
소송참여인	诉讼参与人	sùsòngcānyùrén
소송취하	撤回诉讼	chèhuísùsòng
	撤诉	chèsù
소송행위	诉讼行为	sùsòngxíngwéi
소송활동	诉讼活动	sùsònghuódòng
소수설	少数说	shǎoshùshuō
소액	小额	xiǎo'é
소액대출	小额贷款	xiǎo'édàikuǎn
소액사기	小额诈骗	xiǎo'ézhàpiàn
소외감	疏离感	shūlígǎn
	冷落感	lěngluògǎn
소요죄	骚扰罪	sāorǎozuì
소유권	所有权	suǒyǒuquán
소유권분쟁	所有权纠纷	suǒyǒuquánjiūfēn
소유자	所有人	suǒyǒurén
소음	噪音	zàoyīn
소인	戳记	chuōjì
소인말소죄	涂抹戳记罪	túmǒchuōjìzuì
소재불명	下落不明	xiàluòbùmíng
소재수사	下落侦查	xiàluòzhēnchá
소재지	所在地	suǒzàidì
소지	持有	chíyǒu
	携带	xiédài
소지자	持有人	chíyǒurén
소지품	携带物品	xiédàiwùpǐn
소추	追诉	zhuīsù
소추기관	追诉机关	zhuīsùjīguān
소추조건	追诉条件	zhuīsùtiáojiàn
소추주의	追诉主义	zhuīsùzhǔyì
소환	传唤	chuánhuàn
소환불응	拒绝传唤	jùjuéchuánhuàn
	传唤不到案	chuánhuànbúdào'àn
소환장	传票	chuánpiào
	传唤证	chuánhuànzhèng

소환조사	传唤调查	chuánhuàndiàochá
소환통지	传唤通知	chuánhuàntōngzhī
소훼	烧毁	shāohuǐ
속기	速记	sùjì
속기록	速记记录	sùjìjìlù
속기사	速记员	sùjìyuán
	速录师	sùlùshī
속도위반	超过限速	chāoguòxiànsù
	超速	chāosù
속인주의	属人主义	shǔrénzhǔyì
속임수	骗术	piànshù
	骗局	piànjú
속임수에 넘어가다	上当受骗	shàngdàngshòupiàn
	上钩	shànggōu
속죄	赎罪	shúzuì
속죄양	替罪羊	tìzuìyáng
속지주의	属地主义	shǔdìzhǔyì
속칭	俗称	súchēng
손괴죄	损坏罪	sǔnhuàizuì
	毁坏罪	huǐhuàizuì
손도장 ⇨ 무인		
손목을 긋다	割腕	gēwàn
손바닥 자국	掌印	zhǎngyìn
손상	损伤	sǔnshāng
손실보상	损失补偿	sǔnshībǔcháng
손톱	(手)指甲	(shǒu)zhǐjia
손해배상	损害赔偿	sǔnhàipéicháng
손해배상청구권	损害赔偿请求权	sǔnhàipéichángqǐngqiú quán
솜방망이 처벌	不痛不痒的处罚	bútòngbùyǎngdechǔfá
	无关痛痒的处罚	wúguāntòngyǎngdechǔfá
송금	汇款	huìkuǎn
	寄款	jìkuǎn
송금계좌	汇款账户	huìkuǎnzhànghù
송금책	负责汇款的人	fùzéhuìkuǎnderén

송달	送达	sòngdá
송달영수인	送达收件人	sòngdáshōujiànrén
송달영수증	送达(回)证	sòngdá(huí)zhèng
	送达证书	sòngdázhèngshū
송달인	送达人	sòngdárén
송달증서 ⇨ 송달영수증		
송부	寄送	jìsòng
송치 ⇨ 사건송치		
송환	遣返(回国)	qiǎnfǎn(huíguó)
	遣送(回国)	qiǎnsòng(huíguó)
쇠파이프	铁管	tiěguǎn
쇼크사	休克死亡	xiūkèsǐwáng
수감	入狱	rùyù
	收监	shōujiān
수감번호	囚犯号码	qiúfànhàomǎ
수감자	囚犯	qiúfàn
수갑	手铐	shǒukào
수갑을 채우다	戴(上)手铐	dài(shàng)shǒukào
	拷(上)手铐	kǎo(shàng)shǒukào
수갑을 풀다	解开手铐	jiěkāishǒukào
수강명령	受训命令	shòuxùnmìnglìng
수괴	魁首	kuíshǒu
	罪魁祸首	zuìkuíhuòshǒu
수단의 상당성	手段的相当性	shǒuduàndexiāngdāngxìng
수당[26]	提成(儿)	tíchéng(r)
수도불통죄	使水道不通罪	shǐshuǐdàobùtōngzuì
	妨害供水罪	fánghàigōngshuǐzuì
수도음용수	自来(饮用)水	zìlái(yǐnyòng)shuǐ
수도음용수 사용방해죄	妨害使用自来水罪	fánghàishǐyòngzìláishuǐzuì
수동변속기	手动挡	shǒudòngdǎng
수로	水路	shuǐlù
수뢰	受贿	shòuhuì
수뢰액	受贿数额	shòuhuìshù'é

수뢰 후 부정처사죄	受贿后徇私舞弊罪	shòuhuìhòuxùnsīwǔbìzuì
	受贿后不正当行为罪	shòuhuìhòubúzhèngdàng xíngwéizuì
수리(受理)	受理	shòulǐ
수리방해죄	妨害水利罪	fánghàishuǐlìzuì
수리비	修理费	xiūlǐfèi
	维修费	wéixiūfèi
수면유도제	睡眠诱导剂	shuìmiányòudǎojì
수면제	安眠药	ānmiányào
수명법관	受命法官	shòumìngfǎguān
수배	通缉	tōngjī
수배관서	通缉令的发布机关	tōngjīlìngdefābùjīguān
수배령	通缉令	tōngjīlìng
수배를 내리다	发布通缉令	fābùtōngjīlìng
수배자	通缉人员	tōngjīrényuán
	通缉犯	tōngjīfàn
수배전단	通缉传单	tōngjīchuándān
수배차량	通缉车辆	tōngjīchēliàng
수배해제	撤销通缉	chèxiāotōngjī
수법	手法	shǒufǎ
	伎俩	jìliǎng
수법이 노련하다	手法老练	shǒufǎlǎoliàn
수비적 방어	守备性防御	shǒubèixìngfángyù
수사	侦查	zhēnchá
수사검사	侦查检察官	zhēnchájiǎncháguān
수사결과	侦查结果	zhēnchájiéguǒ
수사계획	侦查计划	zhēnchájìhuà
수사공조	侦查协作	zhēncháxiézuò
수사관	侦查(人)员	zhēnchá(rén)yuán
수사관할	侦查管辖	zhēncháguǎnxiá
수사관행	侦查惯例	zhēncháguànlì
수사구조	侦查结构	zhēnchájiégòu
수사권	侦查权	zhēncháquán
수사권 남용	侦查权滥用	zhēncháquánlànyòng
수사권 조정	侦查权调整	zhēncháquántiáozhěng

수사권한	侦查权限	zhēncháquánxiàn
수사기간	侦查期限	zhēncháqīxiàn
수사기관	侦查机关	zhēnchájīguān
수사기록	侦查记录	zhēnchájìlù
	侦查卷宗	zhēnchájuànzōng
수사기법	侦查技术	zhēnchájìshù
	侦查技巧	zhēnchájìqiǎo
수사단계	侦查阶段	zhēnchájiēduàn
수사단서	侦查线索	zhēncháxiànsuǒ
수사대상	侦查对象	zhēncháduìxiàng
수사를 피하다	躲避侦查	duǒbìzhēnchá
수사미진 ⇨ 부실수사		
수사방해	妨害侦查	fánghàizhēnchá
수사방향	侦查方向	zhēncháfāngxiàng
수사범위	侦查范围	zhēncháfànwéi
수사보고	侦查报告	zhēnchábàogào
수사본부	侦查本部	zhēncháběnbù
수사부서	侦查部门	zhēnchábùmén
수사서류	侦查文书	zhēncháwénshū
수사업무	侦查工作	zhēnchágōngzuò
수사에 협조하다	配合侦查	pèihézhēnchá
수사절차	侦查程序	zhēncháchéngxù
수사종결	侦查终结	zhēncházhōngjié
수사주체	侦查主体	zhēncházhǔtǐ
수사중지	侦查中止	zhēncházhōngzhǐ
수사지휘권	侦查指挥权	zhēncházhǐhuīquán
수사체제	侦查体制	zhēnchátǐzhì
수사촉탁	侦查委托	zhēncháwěituō
수사팀	侦查小组	zhēncháxiǎozǔ
수사활동	侦查活动	zhēncháhuódòng
수상하다	可疑	kěyí
	异常	yìcháng
수상한 사람	可疑人员	kěyírényuán
수색	搜查	sōuchá
수색범위	搜查范围	sōucháfànwéi

수색영장	搜查证	sōucházhèng
	搜查令状	sōuchálìngzhuàng
수색조서	搜查笔录	sōuchábǐlù
수색증명서	搜查证明书	sōucházhèngmíngshū
수색할 장소	应搜查的场所	yīngsōuchádechǎngsuǒ
수소법원	受诉法院	shòusùfǎyuàn
수수료	手续费	shǒuxùfèi
수신자	收信人	shōuxìnrén
	被叫	bèijiào
수용	收容	shōuróng
수용설비	收容设备	shōuróngshèbèi
수용소	收容所	shōuróngsuǒ
수원	水源	shuǐyuán
수의	囚衣	qiúyī
수인의무	忍受义务	rěnshòuyìwù
수임	受任	shòurèn
수임인	受任人	shòurènrén
수입원	收入来源	shōurùláiyuán
수작	花招	huāzhāo
	花样	huāyàng
수작을 부리다	玩花招	wánhuāzhāo
	玩花样	wánhuāyàng
수죄	数罪	shùzuì
수취인	收款人	shōukuǎnrén
	收件人	shōujiànrén
수치심	羞耻心	xiūchǐxīn
	羞耻感	xiūchǐgǎn
수탁	受托	shòutuō
수탁인	受托人	shòutuōrén
수탁판사	受托法官	shòutuōfǎguān
수표	支票	zhīpiào
수형 ⇨ 복역		
수형능력	受刑能力	shòuxíngnénglì
수형자	服刑人员	fúxíngrényuán
	受刑人	shòuxíngrén

수화통역	手语翻译	shǒuyǔfānyì
숙박료	住宿费	zhùsùfèi
숙박업	住宿业	zhùsùyè
숙취	宿醉	sùzuì
순도	纯度	chúndù
순직	殉职	xùnzhí
순찰	巡逻	xúnluó
순찰강화	加强巡逻	jiāqiángxúnluó
순찰구역	巡逻区域	xúnluóqūyù
순찰노선	巡逻路线	xúnluólùxiàn
순찰대	巡逻队	xúnluóduì
순찰범위	巡逻范围	xúnluófànwéi
순찰차	巡逻(警)车	xúnluó(jǐng)chē
술값	酒(菜)钱	jiǔ(cài)qián
	酒水钱	jiǔshuǐqián
술기운	醉意	zuìyì
	酒意	jiǔyì
술주정	耍酒疯	shuǎjiǔfēng
술책 ⇨ 수작		
숨소리	呼吸声	hūxīshēng
스마트워치	智能手表	zhìnéngshǒubiǎo
스모킹 건 ⇨ 결정적 증거		
스캔들	丑闻	chǒuwén
스쿨존	学校区域	xuéxiàoqūyù
	校区	xiàoqū
스쿨폴리스	校园警察	xiàoyuánjǐngchá
	校警	xiàojǐng
스키드마크	刹车痕(迹)	shāchēhén(jì)
스토커	跟踪狂	gēnzōngkuáng
스토킹	跟踪骚扰	gēnzōngsāorǎo
스파이	间谍	jiàndié
	密探	mìtàn
스팸메일	垃圾邮件	lājīyóujiàn
스팸문자	垃圾短信	lājīduǎnxìn
	骚扰短信	sāorǎoduǎnxìn

스포츠도박	体育赌博	tǐyùdǔbó
습격	袭击	xíjī
습관성 범죄	习惯性犯罪	xíguànxìngfànzuì
습벽	习癖	xípǐ
	痼癖	gùpǐ
승계고의	承継故意	chéngjìgùyì
승계적 공동정범	承継的共同正犯	chéngjìdegòngtóngzhèngfàn
	継承的共同正犯	jìchéngdegòngtóngzhèngfàn
승낙	承诺	chéngnuò
승낙낙태치사죄	承诺堕胎致死罪	chéngnuòduòtāizhìsǐzuì
승낙낙태치상죄	承诺堕胎致伤罪	chéngnuòduòtāizhìshāngzuì
승낙살인죄	承诺杀人罪	chengnuòsharénzuì
승률조작	操作胜率	cāozuòshènglǜ
승소	胜诉	shèngsù
승소자	胜诉方	shèngsùfāng
승진	晋升	jìnshēng
	升职	shēngzhí
승차거부	拒绝载客	jùjuézàikè
	拒载	jùzài
시간	尸奸	shījiān
시간대	时间段	shíjiānduàn
시간적 효력	时间效力	shíjiānxiàolì
시급	时薪	shíxīn
시너	信纳水	xìnnàshuǐ
	(油漆)稀释剂	(yóuqī)xīshìjì
시달리다	(饱)受折磨	(bǎo)shòuzhémó
	(饱)受煎熬	(bǎo)shòujiān'áo
시반	尸斑	shībān
시비	口角(争吵)	kǒujué(zhēngchǎo)
	争执	zhēngzhí
시비가 붙다	发生口角	fāshēngkǒujué
	发生争执	fāshēngzhēngzhí

시비선악	是非善恶	shìfēishàn'è
시설제공이적죄	提供设施利敌罪	tígōngshèshīlìdízuì
시설파괴이적죄	破坏设施利敌罪	pòhuàishèshīlìdízuì
시세	市场价格	shìchǎngjiàgé
	市价	shìjià
시시티브이	监控器	jiānkòngqì
	摄像头	shèxiàngtóu
시시티브이 관제센터	监控中心	jiānkòngzhōngxīn
시시티브이 관제실	监控室	jiānkòngshì
시시티브이 동영상	监控视频	jiānkòngshìpín
시시티브이 화면	监控录像	jiānkònglùxiàng
시위	示威	shìwēi
시위대	示威队伍	shìwēiduìwǔ
시위행진	示威游行	shìwēiyóuxíng
시인	认罪	rènzuì
	承认罪行	chéngrènzuìxíng
시장가격 ⇨ 시세		
시정명령	责令改正	zélìnggǎizhèng
시청각자료	视听资料	shìtīngzīliào
시체	尸体	shītǐ
시체경직	尸体僵硬	shītǐjiāngyìng
시체해부	尸体解剖	shītǐjiěpōu
시체현상	尸体现象	shītǐxiànxiàng
시한	时限	shíxiàn
시한폭탄	定时炸弹	dìngshízhàdàn
시행	施行	shīxíng
시행규칙	施行规则	shīxíngguīzé
시행령	施行令	shīxínglìng
시효	时效	shíxiào
시효기간	时效期间	shíxiàoqījiān
시효의 개시	时效开始	shíxiàokāishǐ
시효의 기산점	时效起算点	shíxiàoqǐsuàndiǎn
시효의 완성	时效完成	shíxiàowánchéng
시효의 정지	时效停止	shíxiàotíngzhǐ
시효의 중단	时效中断	shíxiàozhōngduàn

식별	识别	shíbié
식별능력	识别能力	shíbiénénglì
식중독	食物中毒	shíwùzhòngdú
식칼	菜刀	càidāo
	厨刀	chúdāo
식품위생법	食品卫生法	shípǐnwèishēngfǎ
신경안정제	神经安定剂	shénjīngāndìngjì
신고	报警	bàojǐng
	报案	bào'àn
신고기록	报警记录	bàojǐngjìlù
	报案记录	bào'ànjìlù
신고내용	报警内容	bàojǐngnèiróng
	报案内容	bào'ànnèiróng
신고자	报警人	bàojǐng
	报案人	bào'ànrén
신고자료	报警资料	bàojǐngzīliào
	报案材料	bào'àncáiliào
신고전화	报警电话	bàojǐngdiànhuà
신고접수	接警	jiējǐng
	接到报案	jiēdàobào'àn
신고접수기록	接警记录	jiējǐngjìlù
신고접수자	接警员	jiējǐngyuán
신고접수증	报警回执(单)	bàojǐnghuízhí(dān)
	报案回执(单)	bào'ànhuízhí(dān)
신고처리	报警处理	bàojǐngchǔlǐ
	处警	chǔjǐng
신뢰관계	信赖关系	xìnlàiguānxi
신뢰관계에 있는 자	信赖关系人	xìnlàiguānxirén
신뢰의 원칙	信赖原则	xìnlàiyuánzé
신문27)	讯问	xùnwèn
	询问	xúnwèn
신문조서	讯问笔录	xùnwènbǐlù
신발 자국	鞋(脚)印	xié(jiǎo)yìn
	鞋底痕迹	xiédǐhénjì
신법	新法	xīnfǎ

신변보호	人身保护	rénshēnbǎohù
신분	身份	shēnfèn
신분관계	身份关系	shēnfènguānxi
신분도용	盗用身份	dàoyòngshēnfèn
신분범	身份犯	shēnfènfàn
신분사칭	冒充身份	màochōngshēnfèn
	谎称身份	huǎngchēngshēnfèn
신분세탁	洗涤身份	xǐdíshēnfèn
신분을 숨기다	隐瞒身份	yǐnmánshēnfèn
신분증	身份证	shēnfènzhèng
신분증명	身份证明	shēnfènzhèngmíng
신분확인	核对身份	héduìshēnfèn
신빙성	可靠性	kěkàoxìng
	可信度	kěxìndù
신상정보	身份信息	shēnfènxìnxī
신상정보공개	公开身份信息	gōngkāishēnfènxìnxī
신속한 재판의 원칙	迅速审判原则	xùnsùshěnpànyuánzé
신앙	信仰	xìnyǎng
신앙의 자유	信仰自由	xìnyǎngzìyóu
신용기록	信用记录	xìnyòngjìlù
신용등급	信用等级	xìnyòngděngjí
신용불량자	不良信用记录者	bùliángxìnyòngjìlùzhě
	信用不良者	xìnyòngbùliángzhě
신용점수	信用评分	xìnyòngpíngfēn
신용정보	信用信息	xìnyòngxìnxī
신용카드가맹점	信用卡加盟店	xìnyòngkǎjiāméngdiàn
신용카드명세서	信用卡账单	xìnyòngkǎzhàngdān
신용카드부정사용	信用卡使用不当	xìnyòngkǎshǐyòngbúdàng
신용카드사기	信用卡诈骗	xìnyòngkǎzhàpiàn
신용카드사용내역	信用卡消费记录	xìnyòngkǎxiāofèijìlù
신용평가	信用评价	xìnyòngpíngjià
	信用评估	xìnyòngpínggū
신용훼손죄	毁损信用罪	huǐsǔnxìnyòngzuì
	妨害信誉罪	fánghàixìnyùzuì
신원불상	身份不明	shēnfènbùmíng

신원불상의 사체	无名尸体	wúmíngshītǐ
	身份不明的尸体	shēnfènbùmíngdeshītǐ
신원조사	身份调查	shēnfèndiàochá
신원증명 ⇨ 신분증명		
신원확인	身份确认	shēnfènquèrèn
	身份验证	shēnfènyànzhèng
신의성실의 원칙	诚实信用原则	chéngshíxìnyòngyuánzé
	诚信原则	chéngxìnyuánzé
신의칙	信义原则	xìnyìyuánzé
신임관계	信任关系	xìnrènguānxi
신종범죄	新型犯罪	xīnxíngfànzuì
신청	申请	shēnqǐng
신청권자	申请权人	shēnqǐngquánrén
신청기간	申请期限	shēnqǐngqīxiàn
신청서	申请书	shēnqǐngshū
신청이 이유없다	申请没有理由	shēnqǐngméiyǒulǐyóu
신청이 이유있다	申请有理由	shēnqǐngyǒulǐyóu
신체검사	人身检查	rénshēnjiǎnchá
	身体检查	shēntǐjiǎnchá
신체수색죄	搜查人身罪	sōuchárénshēnzuì
	搜查身体罪	sōucháshēntǐzuì
신체의 기능	身体功能	shēntǐgōngnéng
신체의 완전성	身体完整性	shēntǐwánzhěngxìng
신체의 자유	人身自由	rénshēnzìyóu
신체적 결함	身体缺陷	shēntǐquēxiàn
신체적 손상	身体损伤	shēntǐsǔnshāng
	人体损伤	réntǐsǔnshāng
신체적 위해	身体危害	shēntǐwēihài
신체적 의존성	身体依赖性	shēntǐyīlàixìng
신체적 충돌	肢体冲突	zhītǐchōngtū
신체접촉	肢体接触	zhītǐjiēchù
신체특징	体貌特征	tǐmàotèzhēng
	外貌特征	wàimàotèzhēng
신체포기각서	身体放弃保证书	shēntǐfàngqìbǎozhèngshū

신호위반	违反交通信号灯	wéifǎnjiāotōngxìnhào dēng
실명	真实姓名	zhēnshíxìngmíng
	实名	shímíng
실명제	实名制	shímíngzhì
실선	实线	shíxiàn
실시간	实时	shíshí
실용신안권	实用新型专利权	shíyòngxīnxíngzhuānlì quán
실익	实际利益	shíjìlìyì
	实益	shíyì
실정법	实定法	shídìngfǎ
실종	失踪	shīzōng
실종신고	失踪报警	shīzōngbàojǐng
	失踪报案	shīzōngbào'àn
실종아동	失踪儿童	shīzōngértóng
실종자	失踪者	shīzōngzhě
	失踪人员	shīzōngrényuán
실질범	实质犯	shízhìfàn
실질적 권리	实质性权利	shízhìxìngquánlì
실질적 의미의 형법	实质意义上的刑法	shízhìyìyìshàngdexíngfǎ
실질적 지배	实际控制	shíjìkòngzhì
실체법	实体法	shítǐfǎ
실체상 일죄	实质上的一罪	shízhìshàngdeyīzuì
실체적 경합	实质竞合	shízhìjìnghé
실체적 진실	实体真实	shítǐzhēnshí
실체적 진실발견	发现实体真实	fāxiànshítǐzhēnshí
실체적 진실주의	实体真实主义	shítǐzhēnshízhǔyì
실탄	实弹	shídàn
실패한 교사	失败的教唆	shībàidejiàosuō
실행	实行	shíxíng
실행미수	实行未遂	shíxíngwèisuì
	(实行)终了未遂	(shíxíng)zhōngliǎowèisuì
실행의 착수	实行着手	shíxíngzhuóshǒu
실행행위	实行行为	shíxíngxíngwéi

실형	实刑	shíxíng
실화죄	失火罪	shīhuǒzuì
실황조사	实况调查	shíkuàngdiàochá
실효	失效	shīxiào
심각한 질병	严重疾病	yánzhòngjíbìng
심경	心情	xīnqíng
심경의 변화	心情变化	xīnqíngbiànhuà
심급	审级	shěnjí
심급관할	审级管辖	shěnjíguǎnxiá
	级别管辖	jíbiéguǎnxiá
심급제도	审级制度	shěnjízhìdù
심리	审理	shěnlǐ
심리기일	审理日期	shěnlǐrìqī
심리변화	心理变化	xīnlǐbiànhuà
심리분리	审理分离	shěnlǐfēnlí
심리상담	心理咨询	xīnlǐzīxún
심리상태	心理状态	xīnlǐzhuàngtài
심리연기	延期审理	yánqīshěnlǐ
심리적 방어선	心理防线	xīnlǐfángxiàn
심리적 외상	心理创伤	xīnlǐchuāngshāng
심리적 요인	心理因素	xīnlǐyīnsù
심리적 책임론	心理责任论	xīnlǐzérènlùn
심리치료	心理治疗	xīnlǐzhìliáo
심문	审讯	shěnxùn
	审问	shěnwèn
심문기일	审讯日期	shěnxùnrìqī
심문장소	审讯场所	shěnxùnchǎngsuǒ
심문절차	审讯程序	shěnxùnchéngxù
심복	心腹	xīnfù
	亲信	qīnxìn
심부름	跑腿(儿)	pǎotuǐ(r)
심사	审查	shěnchá
심신미약	心神微弱	xīnshénwēiruò
	心神耗弱	xīnshénhàoruò
심신상실	心神丧失	xīnshénsàngshī

심신장애	心神障碍	xīnshénzhàng'ài
심야조사	深夜调查	shēnyèdiàochá
심장마비	心脏麻痹	xīnzàngmábì
심장사	心脏死(亡)	xīnzàngsǐ(wáng)
심장질환	心脏疾病	xīnzàngjíbìng
심정지	心脏停跳	xīnzàngtíngtiào
	心跳骤停	xīntiàozhòutíng
심증	心证	xīnzhèng
심증 형성	心证形成	xīnzhèngxíngchéng
심판	审判	shěnpàn
심폐소생술	心肺复苏术	xīnfèifùsūshù
십자드라이버	十字螺丝刀	shízìluósīdāo
십지지문	十指指纹	shízhǐzhǐwén
싸우다	打架	dǎjià
	打斗	dǎdòu
싸움을 말리다	拉架	lājià
	劝架	quànjià
쌍방폭행	相互打架	xiānghùdǎjià
	互(相斗)殴	hù(xiāngdòu)'ōu

한중 형사법률용어사전

아동	儿童	értóng
아동복지시설	儿童福利设施	értóngfúlìshèshī
아동음란	儿童色情	értóngsèqíng
	儿童淫秽	értóngyínhuì
아동음란물	儿童色情物品	értóngsèqíngwùpǐn
	儿童淫秽物品	értóngyínhuìwùpǐn
아동학대죄	虐待儿童罪	nüèdài'értóngzuì
아동혹사죄	酷使儿童罪	kùshǐértóngzuì
아물기 힘든 상처	难以愈合的创伤	nányǐyùhédechuāngshāng
아사	饿死	èsǐ
아이엠이아이(IMEI)²⁸⁾	手机序列号	shǒujīxùlièhào
	手机串号	shǒujīchuànhào
아이피주소	IP地址	IPdìzhǐ
	互联网地址	hùliánwǎngdìzhǐ
아편	鸦片	yāpiàn
	阿片	āpiàn
아편소지죄	持有鸦片罪	chíyǒuyāpiànzuì
아편수입죄	输入鸦片罪	shūrùyāpiànzuì
아편제조죄	制造鸦片罪	zhìzàoyāpiànzuì
아편판매죄	贩卖鸦片罪	fànmàiyāpiànzuì
아편흡식기제조죄	制造吸食鸦片器具罪	zhìzàoxīshíyāpiànqìjùzuì
아편흡식장소제공죄	提供吸食鸦片场所罪	tígōngxīshíyāpiànchǎngsuǒzuì
아편흡식죄	吸食鸦片罪	xīshíyāpiànzuì
악당	歹徒	dǎitú

악성댓글	恶意留言	èyìliúyán
	恶意回帖	èyìhuítiě
악성사기	恶性诈骗	èxìngzhàpiàn
악성코드	恶意代码	èyìdàimǎ
악성프로그램	恶意软件	èyìruǎnjiàn
악의	恶意	èyì
악플 ⇨ 악성댓글		
안락사	安乐死	ānlèsǐ
안마사 ⇨ 마사지사		
안면부	面部	miànbù
	脸部	liǎnbù
안면인식	人脸识别	rénliǎnshíbié
안색	脸色	liǎnsè
	气色	qìsè
안전거리	安全车距	ānquánchējù
	安全距离	ānquánjùlí
안전거리 미확보	未保持安全车距	wèibǎochíānquánchējù
안전계좌	安全账户	ānquánzhànghù
안전관리	安全管理	ānquánguǎnlǐ
안전사고	安全事故	ānquánshìgù
안전수칙	安全守则	ānquánshǒuzé
안전요원	安全员	ānquányuán
안전운전	安全驾驶	ānquánjiàshǐ
	安全行驶	ānquánxíngshǐ
안전장치	安全装置	ānquánzhuāngzhì
안전지수	安全指数	ānquánzhǐshù
안전확보	确保安全	quèbǎoānquán
안쪽 차선	内侧车道	nèicèchēdào
안치실	停尸房	tíngshīfáng
	太平间	tàipíngjiān
알 권리	知情权	zhīqíngquán
알리바이	不在场证明	búzàichǎngzhèngmíng
알선	斡旋	wòxuán
알선수뢰죄	斡旋受贿罪	wòxuánshòuhuìzuì
알선책	介绍人	jièshàorén

알콜중독	酒精中毒	jiǔjīngzhòngdú
	乙醇中毒	yǐchúnzhòngdú
암묵적 관행	潜规则	qiánguīzé
암묵적인 의사연락	默示的意思联络	mòshìdeyìsiliánluò
암살	暗杀	ànshā
암수범죄	犯罪暗数	fànzuì'ànshù
	犯罪黑数	fànzuìhēishù
암시	暗示	ànshì
암시장	黑市	hēishì
암표	黑市票	hēishìpiào
	黄牛票	huángniúpiào
암호해독	密码破译	mìmǎpòyì
압박	压迫	yāpò
	压抑	yāyì
압송	押送	yāsòng
	押解	yājiè
압수	扣押	kòuyā
압수목록	扣押物品清单	kòuyāwùpǐnqīngdān
압수물	扣押物品	kòuyāwùpǐn
압수물 가환부	临时返还扣押物品	línshífǎnhuánkòuyāwùpǐn
압수물 환부	返还扣押物品	fǎnhuánkòuyāwùpǐn
압수수색	扣押搜查	kòuyāsōuchá
압수영장	扣押证	kòuyāzhèng
	扣押令状	kòuyālìngzhuàng
압수장물	扣押赃物	kòuyāzāngwù
압수조서	扣押笔录	kòuyābǐlù
압수할 물건	应扣押的物品	yīngkòuyādewùpǐn
앞좌석	前座	qiánzuò
	前排	qiánpái
앞지르기	超车	chāochē
앞차	前方车辆	qiánfāngchēliàng
액살29)	扼死	èsǐ
	掐死	qiāsǐ
액셀	油门(儿)	yóumén(r)
액셀을 밟다	踩(踏)油门	cǎi(tà)yóumén

액흔	扼痕	èhén
	掐痕	qiāhén
앱	(手机)软件	(shǒujī)ruǎnjiàn
	应用程序	yìngyòngchéngxù
앱을 삭제하다	卸载软件	xièzǎiruǎnjiàn
앱을 설치하다	安装软件	ānzhuāngruǎnjiàn
앵속	罂粟	yīnglì
야간음주단속	夜查酒驾	yèchájiǔjià
야간주거침입절도죄	夜间入室盗窃罪	yèjiānrùshìdàoqièzuì
	夜间侵入住宅盗窃罪	yèjiānqīnrùzhùzháidào qièzuì
약물	药物	yàowù
약물남용	滥用药物	lànyòngyàowù
약물복용	服用药物	fúyòngyàowù
약물성분	药物成分	yàowùchéngfèn
약물중독	药物中毒	yàowùzhòngdú
약사	药师	yàoshī
약식기소	简易起诉	jiǎnyìqǐsù
약식명령	简易命令	jiǎnyìmìnglìng
약식절차	简易程序	jiǎnyìchéngxù
약정이자	约定利息	yuēdìnglìxī
약제사	药剂师	yàojìshī
약종상	药材商	yàocáishāng
약취	掠取	lüèqǔ
약취유인죄	掠取诱引罪	lüèqǔyòuyǐnzuì
약탈	掠夺	lüèduó
양귀비 ⇨ 앵속		
양도	转让	zhuǎnràng
양도인	转让人	zhuǎnràngrén
양방향	双向	shuāngxiàng
양벌규정	两罚制	liǎngfázhì
	双罚制	shuāngfázhì
양성반응	阳性反应	yángxìngfǎnyìng
양수	受让	shòuràng
양수인	受让人	shòuràngrén

양심	良心	liángxīn
	良知	liángzhī
양심범	良心犯	liángxīnfàn
양심의 가책을 받다	受到良心的谴责	shòudàoliángxīndeqiǎnzé
양심적 병역거부	良心拒服兵役	liángxīnjùfúbīngyì
양아치	流氓	liúmáng
	不良分子	bùliángfènzǐ
양육권	抚养权	fǔyǎngquán
양육권 귀속	抚养权归属	fǔyǎngquánguīshǔ
양육권 변경	变更抚养权	biàngēngfǔyǎngquán
양육권 분쟁	抚养权纠纷	fǔyǎngquánjiūfēn
양육권 상실	失去抚养权	shīqùfǔyǎngquán
양육권 포기	放弃抚养权	fàngqìfǔyǎngquán
양육비	抚养费	fǔyǎngfèi
양형	量刑	liàngxíng
양형과정	量刑过程	liàngxíngguòchéng
양형과중	量刑过重	liàngxíngguòzhòng
양형기준	量刑标准	liàngxíngbiāozhǔn
양형범위	量刑范围	liàngxíngfànwéi
양형부당	量刑不当	liàngxíngbúdàng
양형사유	量刑理由	liàngxínglǐyóu
양형요소	量刑要素	liàngxíngyàosù
양형적당	量刑适当	liàngxíngshìdàng
양형조건	量刑条件	liàngxíngtiáojiàn
양형책임	量刑责任	liàngxíngzérèn
양형판단	量刑判断	liàngxíngpànduàn
어린이보호구역	儿童保护区	értóngbǎohùqū
억울하다	冤枉	yuānwang
	冤屈	yuānqū
억울한 사정	冤情	yuānqíng
	冤枉的情状	yuānwangdeqíngzhuàng
억울함을 풀다	洗脱冤情	xǐtuōyuānqíng
	洗清冤屈	xǐqīngyuānqū
억울함을 하소연하다	诉冤	sùyuān
	喊冤	hǎnyuān

언론인	媒体人	méitǐrén
언어연수생	语言进修生	yǔyánjìnxiūshēng
언어장벽	语言障碍	yǔyánzhàng'ài
	语言壁垒	yǔyánbìlěi
언행	言行举止	yánxíngjǔzhǐ
	言谈举止	yántánjǔzhǐ
엄격하게 해석하다	严格解释	yángéjiěshì
엄격한 증명	严格证明	yángézhèngmíng
엄벌에 처하다	严厉处罚	yánlìchǔfá
	从重处罚	cóngzhòngchǔfá
업무	业务	yèwù
업무로 인한 행위	正当业务行为	zhèngdàngyèwùxíngwéi
업무방해죄	妨害业务罪	fánghàiyèwùzuì
업무범위	业务范围	yèwùfànwéi
업무상과실	业务过失	yèwùguòshī
업무상과실교통방해죄	业务过失妨害交通罪	yèwùguòshīfánghàijiāotōngzuì
업무상과실장물취득죄	业务过失取得赃物罪	yèwùguòshīqǔdézāngwùzuì
업무상과실치사죄	业务过失致死罪	yèwùguòshīzhìsǐzuì
업무상과실치상죄	业务过失致伤罪	yèwùguòshīzhìshāngzuì
업무상낙태치사죄	业务堕胎致死罪	yèwùduòtāizhìsǐzuì
업무상낙태치상죄	业务堕胎致伤罪	yèwùduòtāizhìshāngzuì
업무상배임죄	业务背信罪	yèwùbèixìnzuì
업무상비밀	业务秘密	yèwùmìmì
업무상비밀누설죄	泄露业务秘密罪	xièlòuyèwùmìmìzuì
업무상실화죄	业务失火罪	yèwùshīhuǒzuì
업무상위력에 의한 간음죄	利用权势奸淫罪	lìyòngquánshìjiānyínzuì
	借业务上之威力奸淫罪	jièyèwùshàngzhīwēilìjiānyínzuì
업무상위력에 의한 추행죄	利用权势猥亵罪	lìyòngquánshìwěixièzuì
	借业务上之威力猥亵罪	jièyèwùshàngzhīwēilìwěixièzuì
업무상 주의의무	业务上的注意义务	yèwùshàngdezhùyìyìwù
업무상횡령죄	业务侵占罪	yèwùqīnzhànzuì

에스엔에스(SNS)	社交网站	shèjiāowǎngzhàn
에스엔에스(SNS)계정	社交账号	shèjiāozhànghào
	SNS账号	SNSzhànghào
에어매트	气垫	qìdiàn
에어백	安全气囊	ānquánqìnáng
에이티엠(ATM)기	自动提款机	zìdòngtíkuǎnjī
	ATM机	ATMjī
에프티엑스(FTX)	实战演习	shízhànyǎnxí
	野战演习	yězhànyǎnxí
엑스터시	摇头丸	yáotóuwán
엑스트라넷	外部网	wàibùwǎng
여비	旅费	lǚfèi
여성긴급전화	女性紧急电话	nǚxìngjǐnjídiànhuà
	女性应急热线	nǚxìngyìngjírèxiàn
여성혐오범죄	厌恶女性犯罪	yànwùnǚxìngfànzuì
여적죄	通敌罪	tōngdízuì
여죄	余罪	yúzuì
여죄를 캐다	深挖余罪	shēnwāyúzuì
여행자수표	旅行支票	lǚxíngzhīpiào
역설	反论	fǎnlùn
	悖论	bèilùn
역주행	逆向行驶	nìxiàngxíngshǐ
	逆行	nìxíng
역할분담	分担任务	fēndānrènwù
	分饰角色	fēnshìjuésè
연관성	关联性	guānliánxìng
연기흡입	吸入浓烟	xīrùnóngyān
연대보증인	连带保证人	liándàibǎozhèngrén
	连带担保人	liándàidānbǎorén
연대부담	连带负担	liándàifùdān
연대책임	连带责任	liándàizérèn
연락두절	失去联系	shīqùliánxì
	失联	shīlián
연락처	联系方式	liánxìfāngshì
	联系电话	liánxìdiànhuà

연명날인	联名盖章	liánmínggàizhāng
연봉	年薪	niánxīn
연소죄	延烧罪	yánshāozuì
연속범	连续犯	liánxùfàn
연쇄교사	连锁(性)教唆	liánsuǒ(xìng)jiàosuō
연쇄살인	连环杀人	liánhuánshārén
	连锁杀人	liánsuǒshārén
연이율	年利率	niánlìlǜ
연인관계	恋人关系	liànrénguānxi
	情侣关系	qínglǚguānxi
연체	拖欠	tuōqiàn
연체료	拖欠费	tuōqiànfèi
연체이자	欠款利息	qiànkuǎnlìxī
	滞纳利息	zhìnàlìxī
연행	带走	dàizǒu
	拽走	zhuàizǒu
연혁	沿革	yángé
열거	列举	lièjǔ
열람	阅览	yuèlǎn
	查阅	cháyuè
열람권	阅览权	yuèlǎnquán
열람등사청구권	查阅誊写请求权	cháyuèténgxiěqǐngqiúquán
열상	裂伤	lièshāng
열쇠업자	开锁业主	kāisuǒyèzhǔ
염색체	染色体	rǎnsètǐ
염좌	扭伤	niǔshāng
엽기범죄	猎奇犯罪	lièqífànzuì
엽기행각	猎奇行为	lièqíxíngwéi
엽총	猎枪	lièqiāng
영공	领空	lǐngkōng
영구체류	永久居留	yǒngjiǔjūliú
영득의사	领得意思	lǐngdeyìsi
영리	营利	yínglì
영리목적	以营利为目的	yǐyínglìwéimùdì

영리목적 약취유인죄	以营利为目的掠取诱引罪	yǐyínglìwéimùdìlüèqǔyòuyǐnzuì
영미법계	英美法系	yīngměifǎxì
영사	领事	lǐngshì
영사관	领事馆	lǐngshìguǎn
영사관계에 관한 빈 협약	维也纳领事关系公约	wéiyěnàlǐngshìguānxi gōngyuē
영사협정	领事协定	lǐngshìxiédìng
영상녹화	录制视频	lùzhìshìpín
영아	婴儿	yīng'ér
영아살해죄	杀害婴儿罪	shāhàiyīng'érzuì
영아유기죄	遗弃婴儿罪	yíqìyīng'érzuì
영안실 ⇨ 안치실		
영업방해	妨害营业	fánghàiyíngyè
영업범	营利犯	yínglìfàn
영업비밀	营业秘密	yíngyèmìmì
영업일지	营业日志	yíngyèrìzhì
영업자	营业人	yíngyèrén
	业户	yèhù
영업장부	营业账簿	yíngyèzhàngbù
영업허가증	营业执照	yíngyèzhízhào
영장	令状	lìngzhuàng
영장신청	申请令状	shēnqǐnglìngzhuàng
영장실질심사 ⇨ 구속 전 피의자심문		
영장심사관	令状审查官	lìngzhuàngshěncháguān
영장 없는 체포	无证拘留	wúzhèngjūliú
영장제시	出示令状	chūshìlìngzhuàng
영장전담판사	负责签发令状的专职法官	fùzéqiānfālìngzhuàngde zhuānzhífǎguān
영장주의	令状主义	lìngzhuàngzhǔyì
영주권	永住权	yǒngzhùquán
	永久居留权	yǒngjiǔjūliúquán
영토	领土	lǐngtǔ
영해	领海	lǐnghǎi
예견	预见	yùjiàn

예견가능성	预见可能性	yùjiànkěnéngxìng
예고	预告	yùgào
예금	存款	cúnkuǎn
예금인출	提取存款	tíqǔcúnkuǎn
예금조회	查询存款	cháxúncúnkuǎn
예금주	开户人	kāihùrén
	存户	cúnhù
예기	锐器	ruìqì
	利器	lìqì
예납	预交	yùjiāo
	预缴	yùjiǎo
예단	预断	yùduàn
예단배제의 원칙	预断排除原则	yùduànpáichúyuánzé
예배방해죄	妨害礼拜罪	fánghàilǐbàizuì
예비	预备	yùbèi
예비적 기재	预备性记载	yùbèixìngjìzǎi
예속	隶属	lìshǔ
예외적 규정	例外(性)规定	lìwài(xìng)guīdìng
오기	误记	wùjì
	写错	xiěcuò
오물	污物	wūwù
오상방위	假想防卫	jiǎxiǎngfángwèi
오상자구행위	假想自救行为	jiǎxiǎngzìjiùxíngwéi
오상피난	假想避险	jiǎxiǎngbìxiǎn
오인	误认	wùrèn
	错认	cuòrèn
오자	错(别)字	cuò(bié)zì
	别字	biézì
오진	误诊	wùzhěn
오판	误判	wùpàn
옥살이	坐牢	zuòláo
옥외광고	户外广告	hùwàiguǎnggào
옷차림	穿着	chuānzhuó
	衣着	yīzhuó
와상문30)	斗形纹	dòuxíngwén

와전	讹传	échuán
	误传	wùchuán
완강	顽强	wánqiáng
	坚强	jiānqiáng
완강히 반항하다	顽强反抗	wánqiángfǎnkàng
완강히 부인하다	死不承认	sǐbùchéngrèn
	矢口否认	shǐkǒufǒurèn
완전범죄	完美犯罪	wánměifànzuì
완전히 일치하다	完全吻合	wánquánwěnhé
왕따	欺凌	qīlíng
	排斥	páichì
왕따를 당하다	受到欺凌	shòudàoqīlíng
	遭到排斥	zāodàopáichì
왜곡	歪曲	wāiqū
외교경로	外交途径	wàijiāotújìng
	外交渠道	wàijiāoqúdào
외교관 면책특권	外交豁免权	wàijiāohuòmiǎnquán
외교교섭	外交交涉	wàijiāojiāoshè
외교상 기밀누설죄	泄露外交机密罪	xièlòuwàijiāojīmìzuì
외교채널 ⇨ 외교경로		
외교특권	外交特权	wàijiāotèquán
외국거주	居住国外	jūzhùguówài
외국국기국장모독죄	侮辱外国国旗国徽罪	wǔrǔwàiguóguóqíguóhuīzuì
외국기관	外国机关	wàiguójīguān
외국사절	外国使节	wàiguóshǐjié
외국사절에 대한 폭행죄	对外国使节的暴行罪	duìwàiguóshǐjiédebàoxíngzuì
외국에 대한 사전죄	对外国的私战罪	duìwàiguódesīzhànzuì
외국원수	外国元首	wàiguóyuánshǒu
외국원수에 대한 폭행죄	对外国元首的暴行罪	duìwàiguóyuánshǒudebàoxíngzuì
외국인등록번호	外国人登录证号码	wàiguóréndēnglùzhènghàomǎ
외국인등록증	外国人登录证	wàiguóréndēnglùzhèng

외국인범죄	外国人犯罪	wàiguórénfànzuì
외국인의 국외범	外国人的国外犯	wàiguóréndeguówàifàn
외국통화변조죄	变造外国货币罪	biànzàowàiguóhuòbìzuì
외국통화위조죄	伪造外国货币罪	wěizàowàiguóhuòbìzuì
외국환	外汇	wàihuì
외도	婚外情	hūnwàiqíng
외모식별	外貌识别	wàimàoshíbié
	外貌辨认	wàimàobiànrèn
외부망 ⇨ 엑스트라넷		
외부유출	对外泄漏	duìwàixièlòu
외부적 사정	外部情况	wàibùqíngkuàng
외부적 장애	外部障碍	wàibùzhàng'ài
외부침입흔적	外部侵入痕迹	wàibùqīnrùhénjì
외사경찰	外事警察	wàishìjǐngchá
외사범죄	涉外犯罪	shèwàifànzuì
외상	外伤	wàishāng
	创伤	chuāngshāng
외상 후 스트레스 장애 (PTSD)	创伤后应激障碍	chuāngshānghòuyìngjī zhàng'ài
외재적 요인	外在因素	wàizàiyīnsù
외표검사[31]	外表检查	wàibiǎojiǎnchá
외화	外汇	wàihuì
	外币	wàibì
외화도피	逃避外汇监管	táobìwàihuìjiānguǎn
	逃汇	táohuì
외환유치죄	诱致外患罪	yòuzhìwàihuànzuì
외환죄	外患罪	wàihuànzuì
요구조자	需要救助者	xūyàojiùzhùzhě
요급처분	紧急处分	jǐnjíchǔfèn
요소	要素	yàosù
요지	要旨	yàozhǐ
요추	腰椎	yāozhuī
요추염좌	腰椎扭伤	yāozhuīniǔshāng
	腰部扭伤	yāobùniǔshāng
요행심리	侥幸心理	jiǎoxìngxīnlǐ

욕(설)	辱骂	rǔmà
	乱骂	luànmà
욕망	欲望	yùwàng
용의자	嫌疑犯	xiányífàn
	疑犯	yífàn
용의차량	嫌疑车辆	xiányíchēliàng
용인	容忍	róngrěn
우발범	偶犯	ǒufàn
	偶发性犯罪人	ǒufāxìngfànzuìrén
우발적 범행	偶发性犯罪	ǒufāxìngfànzuì
	偶然性犯罪	ǒuránxìngfànzuì
우범소년	虞犯少年	yúfànshàonián
우범자	虞犯	yúfàn
	危险分子	wēixiǎnfènzǐ
우범지역	案件高发地区	ànjiàngāofādìqū
	案件易发地区	ànjiànyìfādìqū
우연방위	偶然防卫	ǒuránfángwèi
우울증	抑郁症	yìyùzhèng
우체물	邮递物	yóudìwù
우편물	邮件	yóujiàn
	信件	xìnjiàn
우편송달	邮寄送达	yóujìsòngdá
우편함	邮箱	yóuxiāng
	信箱	xìnxiāng
우표변조죄	变造邮票罪	biànzàoyóupiàozuì
우표위조죄	伪造邮票罪	wěizàoyóupiàozuì
우표유사물제조죄	制造邮票类似物罪	zhìzàoyóupiàolèisìwùzuì
우회	绕路	ràolù
	绕道(儿)	ràodào(r)
우회로	绕行道路	ràoxíngdàolù
운반책	负责运输的人	fùzéyùnshūderén
운송	运送	yùnsòng
	运输	yùnshū
운영방식	运营模式	yùnyíngmóshì

운전경력	驾驶经历	jiàshǐjīnglì
	驾龄	jiàlíng
운전면허시험	驾驶证考试	jiàshǐzhèngkǎoshì
운전면허정지	驾照暂扣	jiàzhàozànkòu
운전면허정지기간	驾照暂扣期间	jiàzhàozànkòuqījiān
운전면허증	驾驶证	jiàshǐzhèng
	驾照	jiàzhào
운전면허취소	吊销驾照	diàoxiāojiàzhào
운전미숙	开车不熟练	kāichēbùshúliàn
	驾驶不熟练	jiàshǐbùshúliàn
운전부주의	开车不小心	kāichēbùxiǎoxīn
	驾驶疏忽	jiàshǐshūhū
운전석	驾驶座	jiàshǐzuò
운전자	司机	sījī
	驾驶员	jiàshǐyuán
운행상황	运行状况	yùnxíngzhuàngkuàng
원고	原告	yuángào
원동기장치자전거	摩托化自行车	mótuōhuàzìxíngchē
	附发动机自行车	fùfādòngjīzìxíngchē
원만한 해결	圆满解决	yuánmǎnjiějué
원본	原本	yuánběn
원산지증명서	原产地证明书	yuánchǎndìzhèngmíngshū
원상회복	恢复原状	huīfùyuánzhuàng
원소송	原诉	yuánsù
원시증거	原始证据	yuánshǐzhèngjù
원심	原审	yuánshěn
	原判	yuánpàn
원심법원	原审法院	yuánshěnfǎyuàn
원심유지	维持原判	wéichíyuánpàn
원심파기	撤销原判	chèxiāoyuánpàn
원심판결	原审判决	yuánshěnpànjué
원인규명	查明原因	chámíngyuányīn
원인된 행위	原因行为	yuányīnxíngwéi
원인불명	原因不明	yuányīnbùmíng

원인에 있어서 자유로운 행위	原因(中的)自由行为	yuányīn(zhōngde)zìyóu xíngwéi
원정도박	境外赌博	jìngwàidǔbó
	海外赌博	hǎiwàidǔbó
원조교제[32]	援助交际	yuánzhùjiāojì
	援交	yuánjiāo
원진술자	原陈述者	yuánchénshùzhě
	原陈述人	yuánchénshùrén
원판결	原判决	yuánpànjué
원한	仇恨	chóuhèn
	怨恨	yuànhèn
원한에 의한 살인	仇杀	chóushā
원한을 품다	记恨	jìhèn
	心怀怨恨	xīnhuáiyuànhèn
원형보존	保存原貌	bǎocúnyuánmào
월권행위	越权行为	yuèquánxíngwéi
월급	月薪	yuèxīn
월수입	月收入	yuèshōurù
위계	诡计	guǐjì
	诈术	zhàshù
위계에 의한 공무집행방해죄	(使用)诡计妨害执行公务罪	(shǐyòng)guǐjìfánghàizhí xínggōngwùzuì
위계에 의한 촉탁살인죄	(使用)诡计嘱托杀人罪	(shǐyòng)guǐjìzhǔtuōshā rénzuì
위난	危难	wēinàn
위력	威力	wēilì
위로금	抚恤金	fǔxùjīn
위법사실	违法事实	wéifǎshìshí
위법성	违法性	wéifǎxìng
위법성인식	违法性认识	wéifǎxìngrènshi
위법성인식의 가능성	违法性认识的可能性	wéifǎxìngrènshidekě néngxìng
위법성인식의 착오	违法性认识错误	wéifǎxìngrènshicuòwù
위법성인식이 결여되다	缺乏违法性认识	quēfáwéifǎxìngrènshi
위법성조각사유	违法阻却(性)事由	wéifǎzǔquè(xìng)shìyóu

위법성착오	违法性错误	wéifǎxìngcuòwù
위법성판단	违法性判断	wéifǎxìngpànduàn
위법수집증거배제법칙	非法证据排除规则	fēifǎzhèngjùpáichúguīzé
위법조각적 신분	阻却违法的身份	zǔquèwéifǎdeshēnfèn
위법한 증거	非法证据	fēifǎzhèngjù
위법행위	违法行为	wéifǎxíngwéi
위임	委任	wěirèn
위임관계	委任关系	wěirènguānxi
위임인	委任人	wěirènrén
위임입법	委任立法	wěirènlìfǎ
위임장	委任书	wěirènshū
위자료	精神抚慰金	jīngshénfǔwèijīn
	精神损失费	jīngshénsǔnshī
위작	伪造	wěizào
위장	伪装	wěizhuāng
위조 ⇨ 위작		
위조공문서행사죄	行使伪造的公文罪	xíngshǐwěizàodegōngwénzuì
위조우표취득죄	取得伪造的邮票罪	qǔdéwěizàodeyóupiàozuì
위조유가증권행사죄	行使伪造的有价证券罪	xíngshǐwěizàodeyǒujiàzhèngquànzuì
위조인지취득죄	取得伪造的印花罪	qǔdéwěizàodeyìnhuāzuì
위조통화취득죄	取得伪造的货币罪	qǔdéwěizàodehuòbìzuì
위조통화취득 후 지정행사죄	取得伪造的货币后知情行使罪	qǔdéwěizàodehuòbìhòuzhīqíngxíngshǐzuì
위조통화행사죄	行使伪造的货币罪	xíngshǐwěizàodehuòbìzuì
위증죄	伪证罪	wěizhèngzuì
위치기반서비스(LBS)	移动位置服务	yídòngwèizhìfúwù
	手机基站定位服务	shǒujījīzhàndìngwèifúwù
위치정보	位置信息	wèizhìxìnxī
위치추적	位置追踪	wèizhìzhuīzōng
	定位追踪	dìngwèizhuīzōng
위치추적기	定位追踪器	dìngwèizhuīzōngqì
	跟踪定位器	gēnzōng

위치확인시스템(GPS)	卫星定位系统	wèixīngdìngwèixìtǒng
	全球定位系统	quánqiúdìngwèixìtǒng
위탁	委托	wěituō
위탁관계	委托关系	wěituōguānxi
위탁인	委托人	wěituōrén
위하주의	威吓主义	wēihèzhǔyì
위해	危害	wēihài
위헌	违反宪法	wéifǎnxiànfǎ
	违宪	wéixiàn
위헌결정	违宪决定	wéixiànjuédìng
위헌소송	违宪审查诉讼	wéixiànshěnchásùsòng
위헌심사청구	违宪审查请求	wéixiànshěncháqǐngqiú
위험범	危险犯	wēixiǎnfàn
위험에서 벗어나다	脱离危险	tuōlíwēixiǎn
	脱险	tuōxiǎn
위험한 물건	危险物品	wēixiǎnwùpǐn
위협	威胁	wēixié
윗선 ⇨ 상선		
유가증권	有价证券	yǒujiàzhèngquàn
유가증권변조죄	变造有价证券罪	biànzàoyǒujiàzhèngquànzuì
유가증권위조죄	伪造有价证券罪	wěizàoyǒujiàzhèngquànzuì
유골	遗骨	yígǔ
	骸骨	háigǔ
유괴	诱拐	yòuguǎi
	拐卖	guǎimài
유괴범	诱拐犯	yòuguǎifàn
	拐卖犯	guǎimàifàn
유교적 전통	儒教传统	rújiàochuántǒng
	儒家传统	rújiāchuántǒng
유권해석	有权解释	yǒuquánjiěshì
유기죄	遗弃罪	yíqìzuì
유기징역	有期徒刑	yǒuqītúxíng
유기치사죄	遗弃致死罪	yíqìzhìsǐzuì

유기치상죄	遗弃致伤罪	yíqìzhìshāngzuì
유도	诱导	yòudǎo
유도신문	诱导性询问	yòudǎoxìngxúnwèn
유도신문에 의한 자백	诱供	yòugòng
유도질문	诱导性发问	yòudǎoxìngfāwèn
	诱导性提问	yòudǎoxìngtíwèn
유동인구	流动人口	liúdòngrénkǒu
유력한 용의자	头号嫌疑犯	tóuhàoxiányífàn
	头号疑犯	tóuhàoyífàn
유력한 증거	有力(的)证据	yǒulì(de)zhèngjù
유료자동설비	自动收费设备	zìdòngshōufèishèbèi
유료회원	付费会员	fùfèihuìyuán
유류물	遗留物	yíliúwù
유류증거	遗留的证据	yíliúdezhèngjù
유류품	遗留品	yíliúpǐn
유리한 증거	有利的证据	yǒulìdezhèngjù
유발	诱发	yòufā
유사강간죄	类似强奸罪	lèisìqiángjiānzuì
유사물	类似物	lèisìwù
유사사건	类似案件	lèisì'ànjiàn
	类似事件	lèisìshìjiàn
유사성행위	类似性行为	lèisìxìngxíngwéi
유사수법	类似手法	lèisìshǒufǎ
유서	遗书	yíshū
유선전화	固定电话	gùdìngdiànhuà
유실물 ⇨ 분실물		
유실물(보관)센터 ⇨ 분실물(보관)센터		
유언	遗言	yíyán
	遗嘱	yízhǔ
유예기간	考验期	kǎoyànqī
유인	诱引	yòuyǐn
	引诱	yǐnyòu
유일한 원인	唯一原因	wéiyīyuányīn
유일한 증거	唯一证据	wéiyīzhèngjù
유전자	基因	jīyīn

유전자 검사	基因检测	jīyīnjiǎncè
유전자 정보	基因信息	jīyīnxìnxī
유전적 요인	遗传因素	yíchuányīnsù
유족	遗族	yízú
	遗属	yíshǔ
유죄	有罪	yǒuzuì
유죄답변	有罪答辩	yǒuzuìdábiàn
	认罪答辩	rènzuìdábiàn
유죄선고	有罪宣告	yǒuzuìxuāngào
유죄증거	有罪证据	yǒuzuìzhèngjù
유죄추정	有罪推定	yǒuzuìtuīdìng
유죄판결	有罪判决	yǒuzuìpànjué
유착 ⇨ 결탁		
유책성	有责性	yǒuzéxìng
유추	类推	lèituī
유추적용	类推适用	lèituīshìyòng
유추해석	类推解释	lèituījiěshì
유추해석금지원칙	禁止类推解释原则	jìnzhǐlèituījiěshìyuánzé
유출	泄露	xièlòu
유치명령	留置命令	liúzhìmìnglìng
유치송달	留置送达	liúzhìsòngdá
유치인 ⇨ 구금인		
유치장[33]	留置室	liúzhìshì
	拘留所	jūliúsuǒ
유치처분	留置处分	liúzhìchǔfèn
유턴	掉头	diàotóu
유포	传播	chuánbō
	散布	sànbù
유해 ⇨ 유골		
유해물질	有害物质	yǒuhàiwùzhì
유형력	有形力	yǒuxínglì
유혹	诱惑	yòuhuò
	勾引	gōuyǐn
유효	有效	yǒuxiào

유효기간	有效期限	yǒuxiàoqīxiàn
유흥업소	娱乐场所	yúlèchǎngsuǒ
	娱乐酒店	yúlèjiǔdiàn
육로	陆路	lùlù
	旱路	hànlù
육안	肉眼	ròuyǎn
윤간	轮奸	lúnjiān
윤곽	轮廓	lúnkuò
윤락 ⇨ 매춘		
윤락업소	卖淫窝点	màiyínwōdiǎn
윤락장소	卖淫场所	màiyínchǎngsuǒ
윤락행위	卖淫行为	màiyínxíngwéi
윤리	伦理	lúnlǐ
윤리책임	伦理责任	lúnlǐzérèn
은닉	隐匿	yǐnnì
	藏匿	cángnì
은밀한 부위	隐秘部位	yǐnmìbùwèi
	隐私部位	yǐnsībùwèi
은신	藏身	cángshēn
	隐身	yǐnshēn
은신처	藏身处	cángshēnchù
은어	隐语	yǐnyǔ
	暗语	ànyǔ
은폐	隐瞒	yǐnmán
	掩盖	yǎngài
은행권	银行券	yínhángquàn
음담패설	淫秽语言	yínhuìyǔyán
	淫词秽语	yíncíhuìyǔ
음독	服毒	fúdú
음독자살	服毒自杀	fúdúzìshā
음란	淫秽	yínhuì
	淫乱	yínluàn
음란물	淫秽物品	yínhuìwùpǐn
음란물 복제	复制淫秽物品	fùzhìyínhuìwùpǐn
음란물 소지	持有淫秽物品	chíyǒuyínhuìwùpǐn

음란물 유포	传播淫秽物品	chuánbōyínhuìwùpǐn
음란물 제작	制作淫秽物品	zhìzuòyínhuìwùpǐn
음란물 판매	贩卖淫秽物品	fànmàiyínhuìwùpǐn
음란사이트	黄色网站	huángsèwǎngzhàn
	色情网站	sèqíngwǎngzhàn
음란영상물	淫秽视频	yínhuìshìpín
	不雅视频	bùyǎshìpín
음란행위	淫秽行为	yínhuìxíngwéi
음모	阴谋	yīnmóu
	密谋	mìmóu
음부	阴部	yīnbù
음성반응	阴性反应	yīnxìngfǎnyìng
음용수	饮用水	yǐnyòngshuǐ
음용수사용방해죄	妨害使用饮用水罪	fánghàishǐyòngyǐnyòngshuǐzuì
음용수혼독치사죄	饮用水放毒致死罪	yǐnyòngshuǐfàngdúzhìsǐzuì
음용수혼독치상죄	饮用水放毒致伤罪	yǐnyòngshuǐfàngdúzhìshāngzuì
음주단속	(盘)查酒驾	(pán)chájiǔjià
음주단속에 걸리다	酒驾被查	jiǔjiàbèichá
	被查出酒驾	bèicháchūjiǔjià
음주운전	酒后驾驶	jiǔhòujiàshǐ
	酒后驾车	jiǔhòujiàchē
음주측정	酒精测试	jiǔjīngcèshì
	酒精检测	jiǔjīngjiǎncè
음주측정거부	拒绝接受酒精测试	jùjuéjiēshòujiǔjīngcèshì
	拒不配合酒精检测	jùbúpèihéjiǔjīngjiǎncè
음주측정기	酒精测试仪	jiǔjīngcèshìyí
	酒精检测仪	jiǔjīngjiǎncèyí
음행매개죄	介绍卖淫罪	jièshàomàiyínzuì
음화	淫秽图片	yínhuìtúpiàn
	淫画	yínhuà
음화반포죄	传播淫秽图片罪	chuánbōyínhuìtúpiànzuì
음화제조죄	制作淫秽图片罪	zhìzuòyínhuìtúpiànzuì

응급조치	应急措施	yìngjícuòshī
응당한 처벌을 받다	得到应有的惩罚	dédàoyīngyǒudechéngfá
	受到应有的惩罚	shòudàoyīngyǒudechéngfá
응보	报应	bàoyìng
응보주의	报应主义	bàoyìngzhǔyì
응보형	报应刑	bàoyìngxíng
의견서	意见书	yìjiànshū
의견제출권	提出意见权	tíchūyìjiànquán
의견진술	意见陈述	yìjiànchénshù
의도	意图	yìtú
의뢰인	委托人	wěituōrén
의료분쟁	医疗纠纷	yīliáojiūfēn
의료비	医疗费	yīliáofèi
의료사고	医疗事故	yīliáoshìgù
의료소송	医疗诉讼	yīliáosùsòng
의료인	医务人员	yīwùrényuán
	医务工作者	yīwùgōngzuòzhě
의료행위	医疗行为	yīliáoxíngwéi
의무범	义务犯	yìwùfàn
의무충돌	义务冲突	yìwùchōngtū
의문점	疑点	yídiǎn
	可疑之处	kěyízhīchù
의문투성이	疑点重重	yídiǎnchóngchóng
	满腹疑团	mǎnfùyítuán
의법처리	依法处理	yīfǎchǔlǐ
의부증	疑夫症	yífūzhèng
	疑夫病	yífūbìng
의사	意思	yìsi
의사결정능력	决定意思能力	juédìngyìsinénglì
의사능력	意思能力	yìsinénglì
의사무능력자	无意思能力人	wúyìsinénglìrén
의사연락	意思联络	yìsiliánluò
의사지배	意思支配	yìsizhīpèi
의사표시	意思表示	yìsibiǎoshì

의사표현능력	意思表达能力	yìsibiǎodánénglì
의식	意识	yìshí
의식불명	意识模糊	yìshímóhu
	神志不清	shénzhìbùqīng
의식을 잃다	失去意识	shīqùyìshí
의식장애	意识障碍	yìshízhàng'ài
의심	疑惑	yíhuò
	怀疑	huáiyí
의심받다	被怀疑	bèihuáiyí
	受到怀疑	shòudàohuáiyí
의심스러운 때에는 피고인의 이익으로	存疑有利于被告人	cúnyíyǒulìyúbèigàorén
의심스러운 물건	可疑物品	kěyíwùpǐn
의심스러운 행위	可疑行为	kěyíxíngwéi
의심스럽다	可疑	kěyí
의심의 여지	怀疑的余地	huáiyídeyúdì
의심차량	可疑车辆	kěyíchēliàng
의외의 상황	意外情况	yìwàiqíngkuàng
의의신청	疑义申请	yíyìshēnqǐng
의장권	外观设计专利权	wàiguānshèjìzhuānlìquán
의제	(法律)拟制	(fǎlǜ)nǐzhì
의처증	疑妻症	yíqīzhèng
	疑妻病	yíqībìng
의혹	疑惑	yíhuò
	怀疑	huáiyí
의혹을 일으키다	引起疑惑	yǐnqǐyíhuò
	引起怀疑	yǐnqǐhuáiyí
이감	移监	yíjiān
	转监	zhuǎnjiān
이물질	异物	yìwù
이산화탄소	二氧化碳	èryǎnghuàtàn
이상	异常	yìcháng
	反常	fǎncháng
이상한 행동	异常举动	yìchángjǔdòng
	异常行为	yìchángxíngwéi

이성을 유지하다	保持理智	bǎochílǐzhì
이성을 잃다	失去理智	shīqùlǐzhì
이송 ⇨ 사건이송		
이심	二审	èrshěn
이심법원	二审法院	èrshěnfǎyuàn
이심판결	二审判决	èrshěnpànjué
이의	异议	yìyì
이의신청	异议申请	yìyìshēnqǐng
이의제기	提出异议	tíchūyìyì
이익교량	利益衡量	lìyìhéngliang
이익되는 사실	有利的事实	yǒulìdeshìshí
이적단체	利敌团体	lìdítuántǐ
이적죄	利敌罪	lìdízuì
	资敌罪	zīdízuì
이적행위	利敌行为	lìdíxíngwéi
이중국적	双重国籍	shuāngchóngguójí
이중인격	双重人格	shuāngchóngréngé
이중적 인과관계	双重的因果关系	shuāngchóngdeyīnguǒguānxi
이중평가금지의 원칙	禁止双重评价原则	jìnzhǐshuāngchóngpíngjiàyuánzé
이차선	第二条车道	dièrtiáochēdào
이차 피해	二次伤害	èrcìshānghài
이해관계인	利害关系人	lìhàiguānxirén
이행	履行	lǚxíng
이혼소송	离婚诉讼	líhūnsùsòng
익명	匿名	nìmíng
익명의 제보편지	匿名举报信	nìmíngjǔbàoxìn
익사	溺死	nìsǐ
	淹死	yānsǐ
인간관계 ⇨ 대인관계		
인감	印鉴	yìnjiàn
인거인	邻居	línjū
인격장애	人格障碍	réngézhàng'ài
인공호흡	人工呼吸	réngōnghūxī

인과관계	因果关系	yīnguǒguānxi
인과관계의 착오	因果关系错误	yīnguǒguānxicuòwù
인권보장	人权保障	rénquánbǎozhàng
인권옹호직무방해죄	妨害人权维护职务罪	fánghàirénquánwéihùzhíwùzuì
인권침해	侵犯人权	qīnfànrénquán
인도(人道) ⇨ 보도		
인도(引渡)	引渡	yǐndù
인물관계도	人物关系图	rénwùguānxitú
인사불성	昏迷不醒	hūnmíbùxǐng
	不省人事	bùxǐngrénshì
인상	外貌	wàimào
	相貌	xiàngmào
인상착의	衣着外貌	yīzhuówàimào
	衣着相貌	yīzhuóxiàngmào
인식	认识	rènshi
인식 없는 과실	无认识的过失	wúrènshideguòshī
인식 있는 과실	有认识的过失	yǒurènshideguòshī
	轻信过失	qīngxìnguòshī
인신공격	人身攻击	rénshēngōngjī
인신매매	人口贩卖	rénkǒufànmài
인신매매단	人贩(子)团伙	rénfàn(zi)tuánhuǒ
인신매매범	人贩子	rénfànzi
인위	人为	rénwéi
인위적 파괴	人为的破坏	rénwéidepòhuài
인장	印章	yìnzhāng
인적	人迹	rénjì
인적사항	(个人)基本情况	(gèrén)jīběnqíngkuàng
인적이 드물다	人迹罕至	rénjìhǎnzhì
	人迹稀少	rénjìxīshǎo
인적증거	人证	rénzhèng
인적피해	人员伤亡	rényuánshāngwáng
인정	承认	chéngrèn
인정신문	认定讯问	rèndìngxùnwèn
인증	认证	rènzhèng

인증번호	验证码	yànzhèngmǎ
인지	印花	yìnhuā
인지변조죄	变造印花罪	biànzàoyìnhuāzuì
인지사건	警察主动发现的案件	jǐngcházhǔdòngfāxiànde ànjiàn
인지위조죄	伪造印花罪	wěizàoyìnhuāzuì
인지유사물제조죄	制造印花类似物罪	zhìzàoyìnhuālèisìwùzuì
인질	人质	rénzhì
인질강도죄	绑架人质抢劫罪	bǎngjiàrénzhìqiǎngjiézuì
인질강요죄	绑架人质要挟罪	bǎngjiàrénzhìyāoxiézuì
인질살해죄	绑架杀害人质罪	bǎngjiàshāhàirénzhìzuì
인질상해죄	绑架伤害人质罪	bǎngjiàshānghàirénzhìzuì
인질치사죄	绑架人质致死罪	bǎngjiàrénzhìzhìsǐzuì
인질치상죄	绑架人质致伤罪	bǎngjiàrénzhìzhìshāngzuì
인체조직	人体组织	réntǐzǔzhī
인출	取款	qǔkuǎn
	取钱	qǔqián
인출책	负责取款的人	fùzéqǔkuǎnderén
인출한도	取款限额	qǔkuǎnxiàn'é
인치	拘提	jūtí
인치구금할 장소	拘提拘禁的场所	jūtíjūjìndechǎngsuǒ
인터넷대출	网络贷款	wǎngluòdàikuǎn
	网贷	wǎngdài
인터넷대출사기	网络贷款诈骗	wǎngluòdàikuǎnzhàpiàn
인터넷도박 ⇨ 사이버도박		
인터넷뱅킹	网上银行	wǎngshàngyínháng
	网络银行	wǎngluòyínháng
인터넷사기	网络诈骗	wǎngluòzhàpiàn
인터넷수배	网上通缉	wǎngshàngtōngjī
인터넷전화	网络电话	wǎngluòdiànhuà
인터넷접속기록	上网记录	shàngwǎngjìlù
인터폴	国际刑警组织	guójìxíngjǐngzǔzhī
인트라넷 ⇨ 내부망		
인피 ⇨ 인적피해		
일관된 주장	一贯主张	yíguànzhǔzhāng

일관된 진술	一贯陈述	yíguànchénshù
	一贯供述	yíguàngòngshù
일관성	一贯性	yíguànxìng
일급	日薪	rìxīn
	日工资	rìgōngzī
일당 ⇨ 일급		
일망타진	一网打尽	yīwǎngdǎjìn
일반건조물방화죄	一般建筑物放火罪	yībānjiànzhùwùfànghuǒzuì
일반건조물일수죄	一般建筑物决水罪	yībānjiànzhùwùjuéshuǐzuì
일반물건방화죄	一般物品放火罪	yībānwùpǐnfànghuǒzuì
일반범	常人犯	chángrénfàn
일반예방	一般预防	yībānyùfáng
일반인	一般人	yībānrén
	普通人	pǔtōngrén
일방 당사자	一方当事人	yīfāngdāngshìrén
일방적 주장	单方面的主张	dānfāngmiàndezhǔzhāng
일방통행로	单行线	dānxíngxiàn
	单行道	dānxíngdào
일부상소	部分上诉	bùfenshàngsù
일사부재리의 원칙	一事不再理原则	yīshìbúzàilǐyuánzé
일산화탄소	一氧化碳	yīyǎnghuàtàn
일수죄	决水罪	juéshuǐzuì
일시적 오락행위	一时娱乐行为	yìshíyúlèxíngwéi
일시적 충동	一时冲动	yīshíchōngdòng
일신전속적 법익	一身专属法益	yīshēnzhuānshǔfǎyì
일심	一审	yīshěn
일심법원	一审法院	yīshěnfǎyuàn
일심판결	一审判决	yīshěnpànjué
112신고센터	112报警中心	112bàojǐngzhōngxīn
일자드라이버	一字螺丝刀	yīzìluósīdāo
일정한 수입	固定收入	gùdìngshōurù
일정한 주거	固定住处	gùdìngzhùchù
	固定住所	gùdìngzhùsuǒ

일정한 직업	固定职业	gùdìngzhíyè
	固定工作	gùdìnggōngzuò
일제단속	统一盘查	tǒngyīpánchá
	统一查处	tǒngyīcháchǔ
일죄	一罪	yīzuì
일차선	快车道	kuàichēdào
	第一条车道	dìyītiáochēdào
일체 부인	一概否认	yígàifǒurèn
	否认一切	fǒurènyíqiè
일치	一致	yízhì
	吻合	wěnhé
일행	一行	yìxíng
임금체불	拖欠工资	tuōqiàngōngzī
임대	出租	chūzū
인대료	租金	zūjīn
임대인	出租人	chūzūrén
임대차계약	租赁合同	zūlìnhétong
임산부	孕产妇	yùnchǎnfù
	孕妇和产妇	yùnfùhéchǎnfù
임상적 사망	临床死亡	línchuángsǐwáng
임시거주지	暂住地	zànzhùdì
임시기구	临时(性)机构	línshí(xìng)jīgòu
임시번호판	临时车牌	línshíchēpái
	临时牌照	línshípáizhào
임시조치	临时措施	línshícuòshī
임의동행	自愿同行	zìyuàntóngxíng
	自愿随同	zìyuànsuítóng
임의성	任意性	rènyìxìng
	自愿性	zìyuànxìng
임의성 결여	缺乏任意性	quēfárènyìxìng
임의성없는 자백	非任意(性)自白	fēirènyì(xìng)zìbái
임의성이 의심되는 자백	具有非任意性怀疑的自白	jùyǒufēirènyìxìnghuáiyídezìbái
임의수사	任意侦查	rènyìzhēnchá
임의적 공범	任意共犯	rènyìgòngfàn

임의적 몰수	任意没收	rènyìmòshōu
임의적 변호	任意辩护	rènyìbiànhù
임의제출	任意提交	rènyìtíjiāo
	随意提交	suíyìtíjiāo
임차	承租	chéngzū
	租用	zūyòng
임차인 ⇨ 세입자		
입감 ⇨ 수감		
입건	立案	lì'àn
입건수사	立案侦查	lì'ànzhēnchá
입국목적	入境目的	rùjìngmùdì
입금계좌	收款账户	shōukuǎnzhànghù
입법	立法	lìfǎ
입법기관	立法机关	lìfǎjīguān
입법목적	立法目的	lìfǎmùdì
입법의 흠결	立法欠缺	lìfǎqiànquē
입법취지	立法宗旨	lìfǎzōngzhǐ
	立法旨趣	lìfǎzhǐqù
입법해석	立法解释	lìfǎjiěshì
입을 맞추다	串供	chuàngòng
입증	证实	zhèngshí
	证明	zhèngmíng
입증책임 ⇨ 거증책임		
입찰	投标	tóubiāo
입출금내역	存取款明细	cúnqǔkuǎnmíngxì
	存取款记录	cúnqǔkuǎnjìlù
입회인	见证人	jiànzhèngrén
입후보자	候选人	hòuxuǎnrén
잉태	怀孕	huáiyùn
	妊娠	rènshēn

한중 형사법률용어사전

ㅈ

자격모용공문서작성죄	冒用资格制作公文罪	màoyòngzīgézhìzuògōng wénzuì
자격모용사문서작성죄	冒用资格制作私人文书罪	màoyòngzīgézhìzuòsīrén wénshūzuì
자격상실34)	资格丧失	zīgésàngshī
자격정지	资格停止	zīgétíngzhǐ
자격형	资格刑	zīgéxíng
자구행위	自救行为	zìjiùxíngwéi
	自助行为	zìzhùxíngwéi
자금세탁	洗钱	xǐqián
자금회전	资金周转	zījīnzhōuzhuǎn
자금흐름	资金流向	zījīnliúxiàng
자기결정권	自主决定权	zìzhǔjuédìngquán
	自我决定权	zìwǒjuédìngquán
자기낙태죄	个人堕胎罪	gèrénduòtāizuì
	自行堕胎罪	zìxíngduòtāizuì
자기변호	自行辩护	zìxíngbiànhù
자기앞수표	个人支票	gèrénzhīpiào
	现金支票	xiànjīnzhīpiào
자동변속기	自动挡	zìdòngdǎng
자동차등록증	行驶证	xíngshǐzhèng
	车辆登记证	chēliàngdēngjìzhèng
자동차불법사용죄	非法使用汽车罪	fēifǎshǐyòngqìchēzuì
자동차운전학원	驾驶学校	jiàshǐxuéxiào
	驾校	jiàxiào

자동차전용도로	机动车专用车道	jīdòngchēzhuānyòngchē dào
자력구제	自力救济	zìlìjiùjì
자물쇠	锁(头)	suǒ(tou)
자물쇠를 열다	开锁	kāisuǒ
자물쇠를 채우다	上锁	shàngsuǒ
자백	自白	zìbái
	招供	zhāogòng
자백배제법칙	非任意自白排除规则	fēirènyìzìbáipáichúguīzé
자백을 강요하다	逼供	bīgòng
	强迫招供	qiángpòzhāogòng
자백의 임의성법칙	自白任意(性)规则	zìbáirènyì(xìng)guīzé
자복	自服	zìfú
자살	自杀	zìshā
자살결의	自杀决意	zìshājuéyì
자살교사	教唆自杀	jiàosuōzìshā
자살기도	企图自杀	qǐtúzìshā
자살방조	帮助自杀	bāngzhùzìshā
자살의도	自杀意图	zìshāyìtú
자상(刺傷)	刺伤	cìshāng
자상(自傷)	自伤	zìshāng
	自残	zìcán
자수35)	自首	zìshǒu
	投案	tóu'àn
자수범	自手犯	zìshǒufàn
	亲手犯	qīnshǒufàn
자술서	自述书	zìshùshū
자신이 책임질 수 없는 사유	不可归责于自己的事由	bùkěguīzéyúzìjǐdeshìyóu
자연법	自然法	zìránfǎ
자연사	自然死亡	zìránsǐwáng
	正常死亡	zhèngchángsǐwáng
자연인	自然人	zìránrén
자연재해	自然灾害	zìránzāihài
자유로운 의사결정	自由意思决定	zìyóuyìsijuédìng
자유로운 증명	自由证明	zìyóuzhèngmíng

자유심증주의	自由心证主义	zìyóuxīnzhèngzhǔyì
자유의지	自由意志	zìyóuyìzhì
자유재량권	自由裁量权	zìyóucáiliàngquán
자유판단	自由判断	zìyóupànduàn
자유형	自由刑	zìyóuxíng
자의성	任意性	rènyìxìng
	自动性	zìdòngxìng
자작극	自作剧	zìzuòjù
	自导自演	zìdǎozìyǎn
자전거도로	自行车道	zìxíngchēdào
자제력	自制力	zìzhìlì
자제력을 잃다	失去自制力	shīqùzìzhìlì
자진신고	主动申报	zhǔdòngshēnbào
자진출국	自愿离境	zìyuànlíjìng
	自愿出境	zìyuànchūjìng
자진출석	主动到案	zhǔdòngdào'àn
	主动到场	zhǔdòngdàochǎng
자책	自责	zìzé
자초위난	自招危难	zìzhāowēinàn
	自招危险	zìzhāowēixiǎn
자초지종	原委	yuánwěi
	本末	běnmò
자치경찰	自治警察	zìzhìjǐngchá
자필	亲笔	qīnbǐ
자필진술서	亲笔供词	qīnbǐgòngcí
	亲笔陈述书	qīnbǐchénshùshū
자해 ⇨ 자상(自傷)		
자행이체	行内转账	hángnèizhuǎnzhàng
작량감경	酌情减轻	zhuóqíngjiǎnqīng
	酌量减轻	zhuóliàngjiǎnqīng
작성	写作	xiězuò
	制作	zhìzuò
작성권한	写作权	xiězuòquán
	制作权	zhìzuòquán

작성자	写作人	xiězuòrén
	制作人	zhìzuòrén
작위	作为	zuòwéi
작위범	作为犯	zuòwéifàn
작위의무	作为义务	zuòwéiyìwù
잔류물질	残留物质	cánliúwùzhì
잔여형기	剩余刑期	shèngyúxíngqī
잔인	残忍	cánrěn
잔인한 방법	残忍手段	cánrěnshǒuduàn
잔혹	残酷	cánkù
잘못된 인식	错误认识	cuòwùrènshi
잠복	潜伏	qiánfú
	蹲守	dūnshǒu
잠복근무	潜伏工作	qiánfúgōngzuò
	蹲守工作	dūnshǒugōngzuò
잠복수사	潜伏侦查	qiánfúzhēnchá
	蹲守侦查	dūnshǒuzhēnchá
잠입	卧底	wòdǐ
잠입수사	卧底侦查	wòdǐzhēnchá
잠재지문	潜在指纹	qiánzàizhǐwén
잠적하다	潜踪	qiánzōng
	隐藏踪迹	yǐncángzōngjì
잡아당기다	拉拽	lāzhuài
잡아떼다 ⇨ 발뺌하다		
장기미제사건	长期未结案(件)	chángqīwèijié'àn(jiàn)
장기손상	脏器损伤	zāngqìsǔnshāng
장기적출	摘除脏器	zhāichúzāngqì
	切除器官	qiēchúqìguān
장기체류	长期居留	chángqījūliú
	长期滞留	chángqīzhìliú
장래의 위험성	将来的危险性	jiāngláidewēixiǎnxìng
장례식방해죄	妨害葬礼罪	fánghàizànglǐzuì
장문	掌纹	zhǎngwén
장물	脏物	zāngwù

장물반환	退还赃物	tuìhuánzāngwù
	退赃	tuìzāng
장물수배	赃物通缉	zāngwùtōngjī
장물아비	销赃人	xiāozāngrén
장물알선죄	斡旋赃物罪	wòxuánzāngwùzuì
장물처분	销售赃物	xiāoshòuzāngwù
	销赃	xiāozāng
장물추적	追查赃物	zhuīcházāngwù
	追赃	zhuīzāng
장물취득죄	取得赃物罪	qǔdézāngwùzuì
	收受赃物罪	shōushòuzāngwùzuì
장벽	墙壁	qiángbì
장부	账簿	zhàngbù
	账本(儿)	zhàngběn(r)
장소적 효력	地域效力	dìyùxiàolì
장애미수	障碍未遂	zhàng'àiwèisuí
	意外未遂	yìwàiwèisuí
장애인	残疾人	cánjírén
장파열	内脏破裂	nèizāngpòliè
재단법인	财团法人	cáituánfǎrén
재량	裁量	cáiliàng
재량권	裁量权	cáiliàngquán
재량권 남용	裁量权滥用	cáiliàngquánlànyòng
재물	财物	cáiwù
재물손괴죄	损坏财物罪	sǔnhuàicáiwùzuì
	毁坏财物罪	huǐhuàicáiwùzuì
재범	再犯	zàifàn
재범률	再犯罪率	zàifànzuìlù
재범방지	防止再犯	fángzhǐzàifàn
재범의 위험성	再犯危险性	zàifànwēixiǎnxìng
재사회화	再社会化	zàishèhuìhuà
재산목록	财产清单	cáichǎnqīngdān
	财产目录	cáichǎnmùlù
재산범죄	财产犯罪	cáichǎnfànzuì
재산분할청구권	财产分割请求权	cáichǎnfēngēqǐngqiúquán

재산상 손실	财产损失	cáichǎnsǔnshī
재산상의 이익	财产性利益	cáichǎnxìnglìyì
재산상황	财产情况	cáichǎnqíngkuàng
재산압류	财产扣押	cáichǎnkòuyā
재산탕진	倾家荡产	qīngjiādàngchǎn
재산형	财产刑	cáichǎnxíng
재소자 ⇨ 수감자		
재심	再审	zàishěn
재심개시	再审开始	zàishěnkāishǐ
재심결정	再审决定	zàishěnjuédìng
재심법원	再审法院	zàishěnfǎyuàn
재심이유	再审理由	zàishěnlǐyóu
재심절차	再审程序	zàishěnchéngxù
재심청구	再审请求	zàishěnqǐngqiú
재외국민	海外公民	hǎiwàigōngmín
재정	在庭	zàitíng
재정신청	裁定申请	cáidìngshēnqǐng
재정의무	在庭义务	zàitíngyìwù
재정인	在庭人	zàitíngrén
재주신문	再主询问	zàizhǔxúnwèn
재판36)	审判	shěnpàn
재판관할	审判管辖	shěnpànguǎnxiá
재판권	审判权	shěnpànquán
재판독립의 원칙	审判独立原则	shěnpàndúlìyuánzé
재판상 감경 ⇨ 작량감경		
재판연기	延期审判	yánqīshěnpàn
재판장	审判长	shěnpànzhǎng
재판절차	审判程序	shěnpànchéngxù
재항고	再抗告	zàikànggào
잭나이프	折刀	zhédāo
쟁점	争议焦点	zhēngyìjiāodiǎn
저격	狙击	jūjī
저격수	狙击手	jūjīshǒu
저당	抵押	dǐyā
저당권	抵押权	dǐyāquán

저령화	低龄化	dīlínghuà
저작권	著作权	zhùzuòquán
	版权	bǎnquán
저지	阻止	zǔzhǐ
저체온증	低体温症	dītǐwēnzhèng
저항	抵抗	dǐkàng
저항능력	抵抗能力	dǐkàngnénglì
저항할 수 없는 폭력	无法抵抗的暴力	wúfǎdǐkàngdebàolì
저항흔 ⇨ 방어흔		
저해	阻碍	zǔ'ài
	妨碍	fáng'ài
적국	敌国	díguó
적극적 반격	积极反击	jījífǎnjī
적극적 안락사	积极安乐死	jījíānlèsǐ
적극적 저항	积极抵抗	jījídǐkàng
적대감	敌对情绪	díduìqíngxù
적법절차	合法程序	héfǎchéngxù
적색수배령	红色通缉令	hóngsètōngjīlìng
적용	适用	shìyòng
적용대상	适用对象	shìyòngduìxiàng
적용범위	适用范围	shìyòngfànwéi
적용법조	适用法条	shìyòngfǎtiáo
적의(敵意)	敌意	díyì
적재량	载重量	zàizhòngliàng
적재물	装载物	zhuāngzàiwù
적재초과	超载	chāozài
적절한 조치	适当措施	shìdàngcuòshī
	恰当措施	qiàdàngcuòshī
적정성의 원칙	适当性原则	shìdàngxìngyuánzé
전과 ⇨ 범죄경력		
전과기록	前科记录	qiánkējìlù
전과자	前科人员	qiánkērényuán
	有前科的人	yǒuqiánkēderén
전과조회 ⇨ 범죄경력조회		
전국수배	全国通缉	quánguótōngjī

전기합선	电线短路	diànxiànduǎnlù
전달책	负责传达的人	fùzéchuándáderén
전담(수사)반	专案组	zhuān'ànzǔ
전면 부인	全面否认	quánmiànfǒurèn
	全盘否认	quánpánfǒurèn
전문(前文)	前文	qiánwén
전문(全文)	全文	quánwén
전문법칙	传闻法则	chuánwénfǎzé
전문증거	传闻证据	chuánwénzhèngjù
전문지식	专门知识	zhuānménzhīshi
전문화	专业化	zhuānyèhuà
전방위 수사	全方位侦查	quánfāngwèizhēnchá
전방차량 ⇨ 앞차		
전복사고	翻车事故	fānchēshìgù
전봇대	电线杆	diànxiàngān
전세사기	租房诈骗	zūfángzhàpiàn
전시공수계약불이행죄	战时不履行公需契约罪	zhànshíbùlǚxínggōngxū qìyuēzuì
전시군수계약불이행죄	战时不履行军需契约罪	zhànshíbùlǚxíngjūnxūqì yuēzuì
전시폭발물제조죄	战时制造爆炸物罪	zhànshízhìzàobàozhàwù zuì
전신주 ⇨ 전봇대		
전심재판	前审审判	qiánshěnshěnpàn
전용차로	专用车道	zhuānyòngchēdào
전자금융거래법	电子金融交易法	diànzǐjīnróngjiāoyìfǎ
전자기록	电磁记录	diàncíjìlù
전자발찌	电子脚链	diànzǐjiǎoliàn
	电子脚铐	diànzǐjiǎokào
전자발찌 착용	佩戴电子脚链	pèidàidiànzǐjiǎoliàn
	戴上电子脚链	dàishàngdiànzǐjiǎoliàn
전자발찌 해제	摘除电子脚链	zhāichúdiànzǐjiǎoliàn
전자발찌 훼손	损坏电子脚链	sǔnhuàidiànzǐjiǎoliàn
전자복사기	电子夏印机	diànzǐfùyìnjī
전자소송	电子诉讼	diànzǐsùsòng

전자송달	电子送达	diànzǐsòngdá
전자증거 ⇨ 디지털 증거		
전자충격기[37]	电击器	diànjīqì
	(防身)电击棍	(fángshēn)diànjīgùn
전제조건	前提条件	qiántítiáojiàn
전치2주의 상해	痊愈需要两周的伤害	quányùxūyàoliǎngzhōude shānghài
전통범죄	传统犯罪	chuántǒngfànzuì
전형적 사례	典型案例	diǎnxíng'ànlì
전화금융사기 ⇨ 보이스피싱		
전화상담원	话务员	huàwùyuán
절단	切断	qiēduàn
	截断	jiéduàn
절단기	钢筋剪	gāngjīnjiǎn
	断线钳	duànxiànqián
절대적 부정기형	绝对不定期刑	juéduìbúdìngqīxíng
절도범 ⇨ 도둑		
절도죄	盗窃罪	dàoqièzuì
절상	折伤	zhéshāng
절차	程序	chéngxù
절차법	程序法	chéngxùfǎ
절차의 합법성	程序合法性	chéngxùhéfǎxìng
절차적 정당성	程序正当性	chéngxùzhèngdàngxìng
절창	切创	qiēchuāng
	割创	gēchuāng
절충	折中	zhézhōng
절충설	折中说	zhézhōngshuō
절충주의	折中主义	zhézhōngzhǔyì
절취	窃取	qièqǔ
점상출혈	点状出血	diǎnzhuàngchūxuè
점선	虚线	xūxiàn
점유	占有	zhànyǒu
점유강취죄	强取占有罪	qiángqǔzhànyǒuzuì
점유이탈물	占有脱离物	zhànyǒutuōlíwù

점유이탈물횡령죄	侵占脱离占有物罪	qīnzhàntuōlízhànyǒuwùzuì
점유자	占有人	zhànyǒurén
접견	会见	huìjiàn
접견교통권	会见通信权	huìjiàntōngxìnquán
접견권	会见权	huìjiànquán
접견금지	禁止会见	jìnzhǐhuìjiàn
접견시간	会见时间	huìjiànshíjiān
접견신청	申请会见	shēnqǐnghuìjiàn
접견실	会见室	huìjiànshì
접견장소	会见场所	huìjiànchǎngsuǒ
접근금지	禁止靠近	jìnzhǐkàojìn
	禁止接近	jìnzhǐjiējìn
접근금지가처분	禁止靠近临时处分	jìnzhǐkàojìnlínshíchǔfèn
접대부	坐台小姐	zuòtáixiǎojiě
접대비	(业务)招待费	(yèwù)zhāodàifèi
	交际应酬费	jiāojìyìngchoufèi
접선장소	接头地点	jiētóudìdiǎn
접속범	接续犯	jiēxùfàn
접촉금지	禁止接触	jìnzhǐjiēchù
접촉사고	接触(性交通)事故	jiēchù(xìngjiāotōng)shìgù
정기간행물	定期报刊	dìngqībàokān
	定期刊物	dìngqīkānwù
정당방위	正当防卫	zhèngdàngfángwèi
정당성	正当性	zhèngdàngxìng
정당한 사유	正当事由	zhèngdàngshìyóu
정당한 이유	正当理由	zhèngdànglǐyóu
정당한 이익	正当利益	zhèngdànglìyì
정당한 행사	正当行使	zhèngdàngxíngshǐ
정당행위	正当行为	zhèngdàngxíngwéi
정당화사유	正当化事由	zhèngdànghuàshìyóu
정맥	静脉	jìngmài
정밀감식	细致勘查	xìzhìkānchá

정밀감정	精密鉴定	jīngmìjiàndìng
	细致鉴定	xìzhìjiàndìng
정밀검사38)	裸体检查	luǒtǐjiǎnchá
	细致检查	xìzhìjiǎnchá
정박지 ⇨ 선착지		
정범	正犯	zhèngfàn
정보	情报	qíngbào
	信息	xìnxī
정보경찰	情报警察	qíngbàojǐngchá
정보공개	信息公开	xìnxīgōngkāi
정보기구	情报机构	qíngbàojīgòu
정보수집	信息收集	xìnxīshōují
정보원	情报员	qíngbàoyuán
정보유출	信息泄露	xìnxīxièlòu
정보처리장치	信息处理装置	xìnxīchǔlǐzhuāngzhì
정본	正本	zhèngběn
정상인	正常人	zhèngchángrén
정상적인 경로	正常渠道	zhèngchángqúdào
정상적인 반응	正常反应	zhèngchángfǎnyìng
정상적인 영업을 방해하다	妨害正常营业	fánghàizhèngchángyíngyè
정상참작	酌情考虑	zhuóqíngkǎolǜ
	酌定情节	zhuódìngqíngjié
정서상태	情绪状态	qíngxùzhuàngtài
정수	(纯)净水	(chún)jìngshuǐ
정식입건	正式立案	zhèngshìlì'àn
정식재판	正式审判	zhèngshìshěnpàn
정식재판청구	请求正式审判	qǐngqiúzhèngshìshěnpàn
정식절차	正式程序	zhèngshìchéngxù
정신감정	精神鉴定	jīngshénjiàndìng
정신박약	精神薄弱	jīngshénbóruò
정신병	精神病	jīngshénbìng
정신병력	精神病史	jīngshénbìngshǐ
정신병원	精神病医院	jīngshénbìngyīyuàn
정신병자	精神病人	jīngshénbìngrén

정신분열증	精神分裂症	jīngshénfēnlièzhèng
정신상태	精神状态	jīngshénzhuàngtài
정신이상	精神异常	jīngshényìcháng
	精神失常	jīngshénshīcháng
정신장애	精神障碍	jīngshénzhàng'ài
정신적 결함	精神缺陷	jīngshénquēxiàn
정신적 손해	精神损害	jīngshénsǔnhài
	精神损失	jīngshénsǔnshī
정신적 손해배상	精神损害赔偿	jīngshénsǔnhàipéicháng
정신적 요인	精神因素	jīngshényīnsù
정신적 의존성	精神依赖性	jīngshényīlàixìng
정신적 충격	精神冲击	jīngshénchōngjī
정신질환	精神疾病	jīngshénjíbìng
정액	精液	jīngyè
정의	正义	zhèngyì
정체불명	来历不明	láilìbùmíng
	来路不明	láilùbùmíng
정치범	政治犯	zhèngzhìfàn
정치적 중립	政治中立	zhèngzhìzhōnglì
정형화	定型化	dìngxínghuà
정황증거 ⇨ 간접증거		
제기	提起	tíqǐ
제방	堤防	dīfáng
	堤坝	dībà
제보	举报	jǔbào
제보자	举报人	jǔbàorén
제보전화	举报电话	jǔbàodiànhuà
제사방해죄	妨害祭祀罪	fánghàijìsìzuì
제3자	第三人	dìsānrén
	第三者	dìsānzhě
제3자 뇌물공여죄	向第三人提供贿赂罪	xiàngdìsānréntígōnghuìlùzuì
제상문39)	箕形纹	jīxíngwén
제시	出示	chūshì

제압	制伏	zhìfú
	制服	zhìfú
제1회 공판기일	第一次审判日期	dìyīcìshěnpànrìqī
제재	制裁	zhìcái
제조책	制造商	zhìzàoshāng
	制造人员	zhìzàorényuán
제지	制止	zhìzhǐ
제척	决定回避	juédìnghuíbì
	职权回避	zhíquánhuíbì
제초제	除草剂	chúcǎojì
제출	提交	tíjiāo
	交出	jiāochū
제출자	提交人	tíjiāorén
제한속도	限速	xiànsù
제한속도초과 ⇨ 속도위반		
제한적 해석	限制解释	xiànzhìjiěshì
젠더폭력	性别暴力	xìngbiébàolì
조건부	附条件	fùtiáojiàn
조례	条例	tiáolì
조리	条理	tiáolǐ
조리에 의한 작위의무	基于条理的作为义务	jīyútiáolǐdezuòwéiyìwù
조문	条文	tiáowén
	法条	fǎtiáo
조사받다	接受调查	jiēshòudiàochá
	接受审讯	jiēshòushěnxùn
조사실	审讯室	shěnxùnshì
	讯问室	xùnwènshì
조사에 협조하다	配合调查	pèihédiàochá
조산사	助产士	zhùchǎnshì
조서	笔录	bǐlù
조서말미	笔录末尾	bǐlùmòwěi
조서작성	写作笔录	xiězuòbǐlù
	制作笔录	zhìzuòbǐlù
조세피난처	避税港	bìshuìgǎng
조수석	副驾驶座	fùjiàshǐzuò

조작 ⇨ 날조		
조작흔적	捏造痕迹	niēzàohénjì
	编造痕迹	biānzàohénjì
조잡	粗糙	cūcāo
조정	调解	tiáojiě
조정위원회	调解委员会	tiáojiěwěiyuánhuì
조준 ⇨ 겨냥		
조직도	组织结构图	zǔzhījiégòutú
조직범죄	有组织犯罪	yǒuzǔzhīfànzuì
	集团犯罪	jítuánfànzuì
조직손상	组织损伤	zǔzhīsǔnshāng
조직원	组织成员	zǔzhīchéngyuán
조직폭력배	黑社会(组织)	hēishèhuì(zǔzhī)
	黑帮	hēibāng
조폭 ⇨ 조직폭력배		
조항	条款	tiáokuǎn
조현병 ⇨ 정신분열증		
조회	查询	cháxún
족적 ⇨ 발자국		
존속	尊亲属	zūnqīnshǔ
존속감금죄	监禁尊亲属罪	jiānjìnzūnqīnshǔzuì
존속살해죄	杀害尊亲属罪	shāhàizūnqīnshǔzuì
존속상해죄	伤害尊亲属罪	shānghàizūnqīnshǔzuì
존속상해치사죄	伤害致死尊亲属罪	shānghàizhìsǐzūnqīnshǔzuì
존속유기죄	遗弃尊亲属罪	yíqìzūnqīnshǔzuì
존속유기치사죄	遗弃致死尊亲属罪	yíqìzhìsǐzūnqīnshǔzuì
존속유기치상죄	遗弃致伤尊亲属罪	yíqìzhìshāngzūnqīnshǔzuì
존속중감금죄	严重监禁尊亲属罪	yánzhòngjiānjìnzūnqīnshǔzuì
존속중체포죄	严重拘留尊亲属罪	yánzhòngjūliúzūnqīnshǔzuì
존속체포죄	拘留尊亲属罪	jūliúzūnqīnshǔzuì
존속폭행죄	暴行尊亲属罪	bàoxíngzūnqīnshǔzuì

존속폭행치사죄	暴行致死尊亲属罪	bàoxíngzhìsǐzūnqīnshǔzuì
존속폭행치상죄	暴行致伤尊亲属罪	bàoxíngzhìshāngzūnqīnshǔzuì
존속학대죄	虐待尊亲属罪	nüèdàizūnqīnshǔzuì
존속협박죄	胁迫尊亲属罪	xiépòzūnqīnshǔzuì
존엄성	尊严性	zūnyánxìng
졸음운전	困驾	kùnjià
	疲劳驾驶	píláojiàshǐ
졸피뎀	唑吡坦	zuòbǐtǎn
종결	终结	zhōngjié
종교	宗教	zōngjiào
종교의 자유	宗教自由	zōngjiàozìyóu
종교의 직에 있는 자	宗教职业人员	zōngjiàozhíyèrényuán
종교적 신념	宗教信念	zōngjiāoxìnniàn
종교조직	宗教组织	zōngjiàozǔzhī
종범 ⇨ 방조범		
종속관계	从属关系	cóngshǔguānxi
종속대리권	从属代理权	cóngshǔdàilǐquán
종신형	终身刑	zhōngshēnxíng
종심	终审	zhōngshěn
종용	怂恿	sǒngyǒng
	鼓动	gǔdòng
종적	踪迹	zōngjì
종적을 감추다 ⇨ 잠적하다		
종적이 묘연하다	踪迹渺然	zōngjìmiǎorán
	杳无踪迹	yǎowúzōngjì
좌상 ⇨ 멍		
좌열창	挫裂创	cuòlièchuàng
죄가안됨	不构成犯罪	búgòuchéngfànzuì
죄를 뉘우치다	悔罪	huǐzuì
	忏悔	chànhuǐ
죄명	罪名	zuìmíng
죄상	罪状	zuìzhuàng
죄수(罪囚) ⇨ 수형자		

죄수(罪數)	罪数	zuìshù
죄인	罪人	zuìrén
	罪犯	zuìfàn
죄증	罪证	zuìzhèng
죄질	犯罪性质	fànzuìxìngzhì
죄질경미	犯罪性质轻微	fànzuìxìngzhìqīngwēi
죄질불량	犯罪性质恶劣	fànzuìxìngzhìèliè
죄책	罪责	zuìzé
죄책감	负罪感	fùzuìgǎn
죄형법정주의	罪刑法定原则	zuìxíngfǎdìngyuánzé
	罪刑法定主义	zuìxíngfǎdìngzhǔyì
죗값　⇨ 죄책		
주거	住处	zhùchù
	住所	zhùsuǒ
주거부정	无固定住处	wúgùdìngzhùchù
	无固定住所	wúgùdìngzhùsuǒ
주거수색죄	搜查住宅罪	sōucházhùzháizuì
주거제한	限制居住	xiànzhìjūzhù
	监视居住	jiānshìjūzhù
주거지	居住地	jūzhùdì
주거침입죄	侵入住宅罪	qīnrùzhùzháizuì
주관설	主观说	zhǔguānshuō
주관적 구성요건요소	主观的构成要件要素	zhǔguāndegòuchéngyàojiànyàosù
주관적 요건	主观要件	zhǔguānyàojiàn
주관적 위법성	主观违法性	zhǔguānwéifǎxìng
주관적 정당화요소	主观的正当化要素	zhǔguāndezhèngdànghuàyàosù
주관적 추측	主观推测	zhǔguāntuīcè
주권	主权	zhǔquán
주급	周薪	zhōuxīn
주모자	主谋	zhǔmóu
주문	主文	zhǔwén
주문낭독	朗读主文	lǎngdúzhǔwén
주민등록번호40)	居民身份证号码	jūmínshēnfènzhènghàomǎ

주민등록증	居民身份证	jūmínshēnfènzhèng
주범	主犯	zhǔfàn
주변인물	周边人物	zhōubiānrénwù
주사기	注射器	zhùshèqì
주소	地址	dìzhǐ
	住址	zhùzhǐ
주식	股份	gǔfèn
주식회사	股份公司	gǔfèngōngsī
주신문	主询问	zhǔxúnwèn
	直接询问	zhíjiēxúnwèn
주심판사	主审法官	zhǔshěnfǎguān
주요역할	主要作用	zhǔyàozuòyòng
주요증거	主要证据	zhǔyàozhèngjù
주의력	注意力	zhùyìlì
주의력결핍장애(ADD)	注意力缺陷障碍	zhùyìlìquēxiànzhàng'ài
주의사항	注意事项	zhùyìshìxiàng
주의의무	注意义务	zhùyìyìwù
주의의무위반	违反注意义务	wéifǎnzhùyìyìwù
주재국	驻在国	zhùzàiguó
주저흔	犹豫痕	yóuyùhén
	试探伤	shìtànshāng
주차기어	停车挡	tíngchēdǎng
	P挡	Pdǎng
주차위반	违章停车	wéizhāngtíngchē
주취상태	醉酒状态	zuìjiǔzhuàngtài
주취소란	醉酒闹事	zuìjiǔnàoshì
	酒后闹事	jiǔhòunàoshì
주취자	醉酒人	zuìjiǔrén
주행궤적	行车轨迹	xíngchēguǐjì
	行驶轨迹	xíngshǐguǐjì
주행기어	前进挡	qiánjìndǎng
	D挡	Ddǎng
주행방향	行车方向	xíngchēfāngxiàng
	行驶方向	xíngshǐfāngxiàng
주형	主刑	zhǔxíng

준강간죄	准强奸罪	zhǔnqiángjiānzuì
	乘机奸淫罪	chéngjījiānyínzuì
준강도죄	准抢劫罪	zhǔnqiǎngjiézuì
	事后抢劫罪	shìhòuqiǎngjiézuì
준강제추행죄	准强制猥亵罪	zhǔnqiángzhìwěixièzuì
	乘机猥亵罪	chéngjīwěixièzuì
준비서면	预备文件	yùbèiwénjiàn
준비절차	准备程序	zhǔnbèichéngxù
준사기죄	准诈骗罪	zhǔnzhàpiànzuì
준수사항	遵守事项	zūnshǒushìxiàng
준용	准用	zhǔnyòng
준용규정	准用规定	zhǔnyòngguīdìng
준점유강취죄	准强取占有罪	zhǔnqiángqǔzhànyǒuzuì
준항고	准抗告	zhǔnkànggào
준현행범	准现行犯	zhǔnxiànxíngfàn
중간책	中间人	zhōngjiānrén
	中介人	zhōngjièrén
중감금죄	严重监禁罪	yánzhòngjiānjìnzuì
중개수수료	中介(手续)费	zhōngjiè(shǒuxù)fèi
중고물품	二手物品	èrshǒuwùpǐn
	二手货	èrshǒuhuò
중고시장	二手市场	èrshǒushìchǎng
	旧货市场	jiùhuòshìchǎng
중고차	二手车	èrshǒuchē
중과실	重(大)过失	zhòng(dà)guòshī
	严重过失	yánzhòngguòshī
중과실교통방해죄	重过失妨害交通罪	zhòngguòshīfánghàijiāotōngzuì
중과실장물취득죄	重过失取得赃物罪	zhòngguòshīqǔdézāngwùzuì
중과실치사죄	重过失致死罪	zhòngguòshīzhìsǐzuì
중과실치상죄	重过失致伤罪	zhòngguòshīzhìshāngzuì
중권리행사방해죄	加重妨害行使权利罪	jiāzhòngfánghàixíngshǐquánlìzuì

중대한 과실 ⇨ 중과실

중대한 사건	重大案件	zhòngdà'ànjiàn
중대한 질병	重大疾病	zhòngdàjíbìng
중독	中毒	zhòngdú
중립기어	空挡	kōngdǎng
	N挡	Ndǎng
중립명령위반죄	违反中立命令罪	wéifǎnzhōnglìmìnglìngzuì
중병	重病	zhòngbìng
중상	重伤	zhòngshāng
중상해죄	严重伤害罪	yánzhòngshānghàizuì
중손괴죄	严重损坏罪	yánzhòngsǔnhuàizuì
	严重毁坏罪	yánzhònghuǐhuàizuì
중실화죄	严重失火罪	yánzhòngshīhuǒzuì
중심을 잃다	失去重心	shīqùzhòngxīn
중앙분리대	中央隔离带	zhōngyānggélídài
	中央分隔带	zhōngyāng fēngédài
중앙선	(道路)中心线	(dàolù)zhōngxīnxiàn
중앙선 침범	跨越中心线	kuàyuèzhōngxīnxiàn
	越过中心线	yuèguòzhōngxīnxiàn
중요한 사실	重要事实	zhòngyàoshìshí
중재	仲裁	zhòngcái
중재법원	仲裁法院	zhòngcáifǎyuàn
	仲裁法庭	zhòngcáifǎtíng
중재신청	申请仲裁	shēnqǐngzhòngcái
중재위원회	仲裁委员会	zhòngcáiwěiyuánhuì
중재인	仲裁员	zhòngcáiyuán
중재판결	仲裁裁决	zhòngcáicáijué
중지미수	中止未遂	zhōngzhǐwèisuí
	犯罪中止	fànzuìzhōngzhǐ
중지범	中止犯	zhōngzhǐfàn
중지범의 자의성	中止犯的任意性	zhōngzhǐfànderènyìxìng
	中止犯的自动性	zhōngzhǐfàndezìdòngxìng
중첩적 인과관계	重叠的因果关系	chóngdiédeyīnguǒguānxi
중체포죄	严重拘留罪	yánzhòngjūliúzuì
중추신경	中枢神经	zhōngshūshénjīng

중한 결과	严重的结果	yánzhòngdejiéguǒ
중한 죄	重罪	zhòngzuì
즉결심판	即决审判	jíjuéshěnpàn
	简易判决	jiǎnyìpànjué
즉결심판청구	请求即决审判	qǐngqiújíjuéshěnpàn
즉시강제	即时强制	jíshíqiángzhì
즉시범	即时犯	jíshífàn
즉시 석방하다	立即释放	lìjíshìfàng
즉시항고	即时抗告	jíshíkànggào
증감변경	增减变更	zēngjiǎnbiàngēng
증거	证据	zhèngjù
증거가 충분하다	证据充分	zhèngjùchōngfèn
증거가치	证据价值	zhèngjùjiàzhí
증거가 확실하다	证据确凿	zhèngjùquèzáo
	铁证如山	tiězhèngrúshān
증거결정	证据决定	zhèngjùjuédìng
증거능력	证据能力	zhèngjùnénglì
증거동의	证据同意	zhèngjùtóngyì
증거목록	证据目录	zhèngjùmùlù
	证据清单	zhèngjùqīngdān
증거물	证物	zhèngwù
	证据物品	zhèngjùwùpǐn
증거물 관리실	证物管理室	zhèngwùguǎnlǐshì
증거배제	证据排除	zhèngjùpáichú
증거법	证据法	zhèngjùfǎ
증거보전	证据保全	zhèngjùbǎoquán
증거보존	证据保存	zhèngjùbǎocún
증거부족	证据不足	zhèngjùbúzú
증거분석	证据分析	zhèngjùfēnxi
증거불충분	证据不充分	zhèngjùbùchōngfèn
증거서류	证据文件	zhèngjùwénjiàn
	证据文书	zhèngjùwénshū
증거수집	收集证据	shōujízhèngjù
	取证	qǔzhèng
증거신청	证据申请	zhèngjùshēnqǐng

증거에 공할 압수물	作为证据使用的扣押物品	zuòwéizhèngjùshǐyòng dekòuyāwùpǐn
증거위조	伪造证据	wěizàozhèngjù
증거의 증명력	证据(的)证明力	zhèngjù(de)zhèngmínglì
증거인멸의 우려	销毁证据的可能性	xiāohuǐzhèngjùdekěnéngxìng
	毁灭证据之虞	huǐmièzhèngjùzhīyú
증거인멸죄	销毁证据罪	xiāohuǐzhèngjùzuì
	毁灭证据罪	huǐmièzhèngjùzuì
증거자료	证据资料	zhèngjùzīliào
	证据材料	zhèngjùcáiliào
증거재판주의	证据裁判主义	zhèngjùcáipànzhǔyì
증거제출	提交证据	tíjiāozhèngjù
증거조사	证据调查	zhèngjùdiàochá
증거조작 ⇨ 증거위조		
증거채택	采纳证据	cǎinàzhèngjù
증거확보	掌握证据	zhǎngwòzhèngjù
	获取证据	huòqǔzhèngjù
증뢰	行贿	xínghuì
증명	证明	zhèngmíng
증명대상	证明对象	zhèngmíngduìxiàng
증명력	证明力	zhèngmínglì
증명력을 다투기 위한 증거	争辩证明力的证据	zhēngbiànzhèngmínglìdezhèngjù
증명방법	证明方法	zhèngmíngfāngfǎ
증명서	证明书	zhèngmíngshū
증빙서류	证明文件	zhèngmíngwénjiàn
증빙자료	证明资料	zhèngmíngzīliào
증언	证言	zhèngyán
	证词	zhèngcí
증언거부권	证言拒绝权	zhèngyánjùjuéquán
	拒绝作证权	jùjuézuòzhèngquán
증언의 신빙성	证言可靠性	zhèngyánkěkàoxìng
	证言可信度	zhèngyánkěxìndù
증언의 증명력	证言证明力	zhèngyánzhèngmínglì

증언채택	采纳证言	cǎinàzhèngyán
	采纳证词	cǎinàzhèngcí
증오	仇恨	chóuhèn
	憎恨	zēnghèn
증오범죄	仇恨犯罪	chóuhènfànzuì
	憎恨犯罪	zēnghènfànzuì
증원	增援	zēngyuán
증인	证人	zhèngrén
증인석	证人席	zhèngrénxí
증인소환	传唤证人	chuánhuànzhèngrén
증인신문	询问证人	xúnwènzhèngrén
증인신문조서	询问证人笔录	xúnwènzhèngrénbǐlù
증인은닉죄	隐匿证人罪	yǐnnìzhèngrénzuì
증인을 매수하다	买通证人	mǎitōngzhèngrén
증인적격	证人资格	zhèngrénzīgé
증인채택	采纳证人	cǎinàzhèngrén
증적	犯罪痕迹	fànzuìhénjì
지구대[41]	地区队	dìqūduì
	派出所	pàichūsuǒ
지급계좌	支付账户	zhīfùzhànghù
지급정지	停止支付	tíngzhǐzhīfù
	冻结	dòngjié
지나친 간섭	过分干涉	guòfèngānshè
	过度干涉	guòdùgānshè
지능범죄	智能犯罪	zhìnéngfànzuì
지능범죄수사대	智能犯罪搜查队	zhìnéngfànzuìsōucháduì
지능화	智能化	zhìnénghuà
지려천박	智力浅薄	zhìlìqiǎnbó
	智力不足	zhìlìbùzú
지령	指令	zhǐlìng
지령하달	下达指令	xiàdázhǐlìng
지명수배 ⇨ 수배		
지명수배령 ⇨ 수배령		
지명수배를 내리다 ⇨ 수배를 내리다		
지명수배자 ⇨ 수배자		

지목	指认	zhǐrèn
지문	指纹	zhǐwén
지문감식	指纹勘查	zhǐwénkānchá
지문감정	指纹鉴定	zhǐwénjiàndìng
지문대조	指纹比对	zhǐwénbǐduì
지문등록	指纹登录	zhǐwéndēnglù
지문식별	指纹识别	zhǐwénshíbié
지문을 남기다	留下指纹	liúxiàzhǐwén
지문일치	指纹吻合	zhǐwénwěnhé
지문정보	指纹信息	zhǐwénxìnxī
지문채취	采集指纹	cǎijízhǐwén
	提取指纹	tíqǔzhǐwén
지문특징	指纹特征	zhǐwéntèzhēng
지방검찰청	地方检察厅	dìfāngjiǎnchátīng
지방공공단체	地方公共团体	dìfānggōnggòngtuántǐ
지방도	地方公路	dìfānggōnglù
지방법원	地方法院	dìfāngfǎyuàn
지병	老病	lǎobìng
	痼疾	gùjí
지시	指示	zhǐshì
지식재산권	知识产权	zhīshíchǎnquán
지장 ⇨ 무인		
지장을 찍다 ⇨ 무인하다		
지적장애	智能障碍	zhìnéngzhàng'ài
	智力障碍	zhìlìzhàng'ài
지정고의	知情故意	zhīqínggùyì
지정기일	指定日期	zhǐdìngrìqī
지정대리	指定代理	zhǐdìngdàilǐ
지정한 계좌	指定账户	zhǐdìngzhànghù
지체없이	立即	lìjí
지폐	纸币	zhǐbì
지휘감독권	指挥监督权	zhǐhuījiāndūquán
지휘복종관계	指挥与服从关系	zhǐhuīyǔfúcóngguānxi
직감	直觉	zhíjué
직계비속	直系卑亲属	zhíxìbēiqīnshǔ

직계존속	直系尊亲属	zhíxìzūnqīnshǔ
직계친족	直系亲属	zhíxìqīnshǔ
직계혈족	直系血亲	zhíxìxuèqīn
직권	职权	zhíquán
직권남용죄	滥用职权罪	lànyòngzhíquánzuì
직권이송	职权移送	zhíquányísòng
직권조사	职权调查	zhíquándiàochá
직권주의	职权主义	zhíquánzhǔyì
직근상급법원	直属上级法院	zhíshǔshàngjífǎyuàn
직무	职务	zhíwù
직무관련성	职务相关性	zhíwùxiāngguānxìng
직무권한	职务权限	zhíwùquánxiàn
직무범위	职务范围	zhíwùfànwéi
직무상 과실	职务过失	zhíwùguòshī
직무상 명령	职务命令	zhíwùmìnglìng
직무상 비밀	职务秘密	zhíwùmìmì
직무상 비밀에 속한 사항	涉及职务秘密的事项	shèjízhíwùmìmìdeshìxiàng
직무유기죄	玩忽职守罪	wánhūzhíshǒuzuì
직무이탈	擅离职守	shànlízhíshǒu
직무집행	执行职务	zhíxíngzhíwù
직무행위	职务行为	zhíwùxíngwéi
직무행위의 불가매수성	职务行为的不可收买性	zhíwùxíngwéidebùkěshōumǎixìng
직속기관	直属机关	zhíshǔjīguān
	直属单位	zhíshǔdānwèi
직업범	职业犯	zhíyèfàn
직업소개소	职业介绍所	zhíyèjièshàosuǒ
직위해제	解除职务	jiěchúzhíwù
직장 내 괴롭힘	职场欺凌	zhíchǎngqīlíng
직장온도	直肠温度	zhíchángwēndù
직접강제	直接强制	zhíjiēqiángzhì
직접사인	直接死因	zhíjiēsǐyīn
직접송달 ⇨ 교부송달		
직접원인	直接原因	zhíjiēyuányīn

직접점유	直接占有	zhíjiēzhànyǒu
직접정범	直接正犯	zhíjiēzhèngfàn
직접증거	直接证据	zhíjiēzhèngjù
직진차량	直行车辆	zhíxíngchēliàng
진단서	诊断(证明)书	zhěnduàn(zhèngmíng)shū
진범	真凶	zhēnxiōng
진상	真相	zhēnxiàng
진상규명	查明真相	chámíngzhēnxiàng
진상이 밝혀지다	真相大白	zhēnxiàngdàbái
	水落石出	shuǐluòshíchū
진상조사	调查真相	diàocházhēnxiàng
진술	陈述	chénshù
	供述	gòngshù
진술강요	强迫陈述	qiángpòchénshù
	逼迫供述	bīpògòngshù
진술거부권 ⇨ 묵비권		
진술내용	陈述内容	chénshùnèiróng
진술녹화실	陈述录制室	chénshùlùzhìshì
진술번복	推翻陈述	tuīfānchénshù
	翻供	fāngòng
진술서	陈述书	chénshùshū
	笔供	bǐgòng
진술요지	陈述要旨	chénshùyàozhǐ
진술의 신빙성	陈述可靠性	chénshùkěkàoxìng
	陈述可信度	chénshùkěxìndù
진술의 일관성	陈述一贯性	chénshùyíguànxìng
진술의 임의성	陈述任意性	chénshùrènyìxìng
	口供任意性	kǒugòngrènyìxìng
진술인	陈述人	chénshùrén
진술조서	陈述笔录	chénshùbǐlù
진술청취	听取陈述	tīngqǔchénshù
진실한 사실	真实事实	zhēnshíshìshí
진압	镇压	zhènyā
진압경찰	防暴警察	fángbàojǐngchá

진정부작위범	真正不作为犯	zhēnzhèngbúzuòwéifàn
	纯正不作为犯	chúnzhèngbúzuòwéifàn
진정신분범	真正身份犯	zhēnzhèngshēnfènfàn
	纯正身份犯	chúnzhèngshēnfènfàn
진피층	真皮层	zhēnpícéng
진화방해죄	妨害灭火罪	fánghàimièhuǒzuì
질문	发问	fāwèn
	提问	tíwèn
질문방식	发问方式	fāwènfāngshì
질서위반법	违反秩序法	wéifǎnzhìxùfǎ
질식사	窒息死	zhìxīsǐ
집단감염	群集性感染	qúnjíxìnggǎnrǎn
	集体感染	jítǐgǎnrǎn
집단따돌림 ⇨ 왕따		
집단성매매	群交	qúnjiāo
	聚众淫乱	jùzhòngyínluàn
집단폭행	集体施暴	jítǐshībào
	聚众斗殴	jùzhòngdòu'ōu
집안배경 ⇨ 가정배경		
집안형편 ⇨ 가정형편		
집중단속	重点打击	zhòngdiǎndǎjī
	严打	yándǎ
집중심리	集中审理	jízhōngshěnlǐ
집착	执着	zhízhuó
집합명령위반죄	违反集合命令罪	wéifǎnjíhémìnglìngzuì
집합범	集合犯	jíhéfàn
집행	执行	zhíxíng
집행관	执行员	zhíxíngyuán
집행기관	执行机关	zhíxíngjīguān
집행명령	执行命令	zhíxíngmìnglìng
집행방법	执行方法	zhíxíngfāngfǎ
집행벌	执行罚	zhíxíngfá
집행비용	执行费用	zhíxíngfèiyòng

집행유예	缓刑	huǎnxíng
	暂缓执行	zànhuǎnzhíxíng
집행유예기간	缓刑考验期	huǎnxíngkǎoyànqī
	缓刑期间	huǎnxíngqījiān
집행유예로 석방하다	缓刑释放	huǎnxíngshìfàng
집행장소	执行场所	zhíxíngchǎngsuǒ
집행절차	执行程序	zhíxíngchéngxù
집행정지	停止执行	tíngzhǐzhíxíng
집행종료	执行完毕	zhíxíngwánbì
	执行终结	zhíxíngzhōngjié
집행지휘	指挥执行	zhǐhuīzhíxíng
집회	集会	jíhuì
징계	惩戒	chéngjiè
징계권	惩戒权	chéngjièquán
징계사건	惩戒案件	chéngjiè'ànjiàn
징계처분	惩戒处分	chéngjièchǔfèn
징계행위	惩戒行为	chéngjièxíngwéi
징계혐의자	惩戒嫌疑人	chéngjièxiányírén
징벌	惩罚	chéngfá
징수	征收	zhēngshōu
징역	徒刑	túxíng
찢어진 흔적	撕裂痕迹	sīlièhénjì

한중 형사법률용어사전

차단	堵截	dǔjié
	拦截	lánjié
차대번호	车架号	chējiàhào
	车辆识别号码	chēliàngshíbiéhàomǎ
차량검문	拦车检查	lánchējiǎnchá
차량결함	车辆缺陷	chēliàngquēxiàn
차량번호	车牌号码	chēpáihàomǎ
차량범퍼	保险杠	bǎoxiǎngàng
차량수배	车辆通缉	chēliàngtōngjī
차량순찰	车巡	chēxún
차량식별번호 ⇨ 차대번호		
차량을 가로막다	拦截车辆	lánjiéchēliàng
	拦车	lánchē
차로	车道	chēdào
차림새	穿着打扮	chuānzhuódǎbàn
차명	借名	jièmíng
차명계좌	借名账户	jièmíngzhànghù
차별대우	差别待遇	chābiédàiyù
	区别对待	qūbiéduìdài
차선	车道线	chēdàoxiàn
차선변경	并线	bìngxiàn
차용금	借款	jièkuǎn
차용사기	借款诈骗	jièkuǎnzhàpiàn
차용증	借条	jiètiáo
	借据	jièjù
차종	车型	chēxíng

차주	车主	chēzhǔ
차폐시설	遮蔽设施	zhēbìshèshī
착각	错觉	cuòjué
착수	着手	zhuóshǒu
착수미수	着手未遂	zhuóshǒuwèisuì
	未了未遂	wèiliǎowèisuì
착오	错误	cuòwù
	差错	chācuò
착취	剥削	bōxuē
	榨取	zhàqǔ
찰과상	擦伤	cāshāng
참고인42)	相关证人	xiāngguānzhèngrén
참고자료	参考资料	cānkǎozīliào
참변	惨剧	cǎnjù
참여	参与	cānyù
참여자	参与人	cānyùrén
참작	酌情	zhuóqíng
	斟酌	zhēnzhuó
참작할 만한 동기	可以酌情考虑的动机	kěyǐzhuóqíngkǎolǜdedòngjī
참혹	惨酷	cǎnkù
참회하다 ⇨ 죄를 뉘우치다		
채권	债权	zhàiquán
채권자	债权人	zhàiquánrén
	债主	zhàizhǔ
채권채무관계	债权债务关系	zhàiquánzhàiwùguānxi
채무	债务	zhàiwù
채무독촉	逼债	bīzhài
	逼迫还债	bīpòhuánzhài
채무변제	偿还债务	chánghuánzhàiwù
	清偿债务	qīngchángzhàiwù
채무불이행	债务不履行	zhàiwùbùlǚxíng
	不履行债务	bùlǚxíngzhàiwù
채무상환 ⇨ 채무변제		

채무자	债务人	zhàiwùrén
	债户	zhàihù
채증	取证	qǔzhèng
채취	采集	cǎijí
	提取	tíqǔ
채택	采纳	cǎinà
채팅	聊天	liáotiān
채팅기록	聊天记录	liáotiānjìlù
채팅방	聊天室	liáotiānshì
	聊天群	liáotiānqún
채팅방을 만들다	(创)建聊天室	(chuàng)jiànliáotiānshì
	建(立)聊天群	jiàn(lì)liáotiānqún
채팅사기	聊天诈骗	liáotiānzhàpiàn
채팅사이트	聊天网站	liáotiānwǎngzhàn
채팅앱	聊天软件	liáotiānruǎnjiàn
채혈	采血	cǎixiě
	抽血	chōuxiě
책임	责任	zérèn
책임고의	责任故意	zérèngùyì
책임귀속	责任归属	zérènguīshǔ
책임능력	责任能力	zérènnénglì
책임무능력자	无责任能力者	wúzérènnénglìzhě
책임배제사유	责任排除事由	zérènpáichúshìyóu
책임보험	责任(保)险	zérèn(bǎo)xiǎn
책임비난	责任非难	zérènfēinàn
책임연령	责任年龄	zérènniánlíng
책임원칙	责任原则	zérènyuánzé
책임을 미루다	推卸责任	tuīxièzérèn
	推诿责任	tuīwěizérèn
책임을 전가하다 ⇨ 책임을 미루다		
책임을 지다	承担责任	chéngdānzérèn
책임을 추궁하다	追究责任	zhuījiūzérèn
책임자	负责人	fùzérén
책임조각사유	责任阻却事由	zérènzǔquèshìyóu
책임조각적 신분	阻却责任的身份	zǔquèzérèndeshēnfèn

책임주의	责任主义	zérènzhǔyì
처단형	处断刑	chǔduànxíng
처리결과	处理结果	chǔlǐjiéguǒ
처방약	处方药	chǔfāngyào
처벌	处罚	chǔfá
처벌감경	减轻处罚	jiǎnqīngchǔfá
처벌규정	处罚规定	chǔfáguīdìng
처벌근거	处罚依据	chǔfáyījù
처벌기준	处罚标准	chǔfábiāozhǔn
처벌대상	处罚对象	chǔfáduìxiàng
처벌받다	得到惩罚	dédàochéngfá
	受到惩罚	shòudàochéngfá
처벌수위	处罚幅度	chǔfáfúdù
처벌제한사유	处罚限制事由	chǔfáxiànzhìshìyóu
처벌조각사유	处罚阻却事由	chǔfázǔquèshìyóu
처벌조각적 신분	阻却处罚的身份	zǔquèchǔfádeshēnfèn
처벌조건	处罚条件	chǔfátiáojiàn
처벌조항	处罚条款	chǔfátiáokuǎn
처벌확장사유	处罚扩张事由	chǔfákuòzhāngshìyóu
처분	处分	chǔfèn
처분상 일죄	处分上的一罪	chǔfènshàngdeyīzuì
처분행위	处分行为	chǔfènxíngwéi
처하다	处以	chǔyǐ
천재지변	天灾地变	tiānzāidìbiàn
철길 건널목	铁路平交道	tiělùpíngjiāodào
철도	铁道	tiědào
	铁路	tiělù
철저히 조사하다	彻底调查	chèdǐdiàochá
	彻查	chèchá
철회	撤回	chèhuí
	撤销	chèxiāo
첨부	附加	fùjiā
	附上	fùshàng
첨부서류	附加文书	fùjiāwénshū
첩보	谍报	diébào

첩보기관	谍报机关	diébàojīguān
첩보원	谍报员	diébàoyuán
청구	请求	qǐngqiú
청구국	请求国	qǐngqiúguó
청구권	请求权	qǐngqiúquán
청구권자	请求权人	qǐngqiúquánrén
청구기각	驳回请求	bóhuíqǐngqiú
청구서	请求书	qǐngqiúshū
청소년범죄	青少年犯罪	qīngshàoniánfànzuì
청소년성매매	青少年性交易	qīngshàoniánxìngjiāoyì
청원서	请愿书	qǐngyuànshū
청탁	请托	qǐngtuō
체격	体格	tǐgé
	身材	shēncái
체납	滞纳	zhìnà
체납금	滞纳金	zhìnàjīn
체류	居留	jūliú
	滞留	zhìliú
체류자격	居留资格	jūliúzīgé
	滞留资格	zhìliúzīgé
체류증	居留证	jūliúzhèng
체벌	体罚	tǐfá
체신관서	邮政机关	yóuzhèngjīguān
체온하강	体温下降	tǐwēnxiàjiàng
체크카드	借记卡	jièjìkǎ
체포[43]	拘留	jūliú
	抓捕	zhuābǔ
체포감금죄	拘留监禁罪	jūliújiānjìnzuì
체포감금치사죄	拘留监禁致死罪	jūliújiānjìnzhìsǐzuì
체포감금치상죄	拘留监禁致伤罪	jūliújiānjìnzhìshāngzuì
체포를 면탈하다	抗拒抓捕	kàngjùzhuābǔ
	挣脱抓捕	zhèngtuōzhuābǔ
체포영장	拘留证	jūliúzhèng
체포적부심사	拘留合法性审查	jūliúhéfǎxìngshěnchá
체포통지서	拘留通知书	jūliútōngzhīshū

초동수사	初步侦查	chūbùzhēnchá
초동조치	初步措施	chūbùcuòshī
초범	初犯	chūfàn
초보운전	初学驾驶	chūxuéjiàshǐ
	新手开车	xīnshǒukāichē
초본	抄本	chāoběn
초상권	肖像权	xiàoxiàngquán
초상권 침해	侵犯肖像权	qīnfànxiàoxiàngquán
초소 ⇨ 검문소		
초일	始日	shǐrì
촉법소년	触法少年	chùfǎshàonián
촉탁	嘱托	zhǔtuō
	委托	wěituō
촉탁낙태치사죄	嘱托堕胎致死罪	zhǔtuōduòtāizhìsǐzuì
촉탁낙태치상죄	嘱托堕胎致伤罪	zhǔtuōduòtāizhìshāngzuì
촉탁살인죄	嘱托杀人罪	zhǔtuōshārénzuì
총격	枪击	qiāngjī
총격전	枪战	qiāngzhàn
총구	枪口	qiāngkǒu
총기	枪支	qiāngzhī
	枪械	qiāngxiè
총기강도	持枪抢劫	chíqiāngqiǎngjié
총력대응	全力应对	quánlìyìngduì
총살(형)	枪毙	qiāngbì
	枪决	qiāngjué
총상	枪伤	qiāngshāng
	枪弹创	qiāngdànchuàng
총알	枪弹	qiāngdàn
	子弹	zǐdàn
총책	总负责人	zǒngfùzérén
총탄 ⇨ 총알		
최루가스	催泪瓦斯	cuīlèiwǎsī
최루가스분사기	催泪喷射器	cuīlèipēnshèqì
최루탄	催泪弹	cuīlèidàn
최면수사	催眠侦查	cuīmiánzhēnchá

최소한도	最小限度	zuìxiǎoxiàndù
최저시급	最低时薪	zuìdīshíxīn
최저임금	最低工资	zuìdīgōngzī
최종계속법원	最后系属法院	zuìhòuxìshǔfǎyuàn
최종심 ⇨ 종심		
최종심리	最终审理	zuìzhōngshěnlǐ
최종진술	最后陈述	zuìhòuchénshù
최종판결	最终判决	zuìzhōngpànjué
최종학력	最高学历	zuìgāoxuélì
최혜국대우	最惠国待遇	zuìhuìguódàiyù
최후수단성	最后手段性	zuìhòushǒuduànxìng
최후진술 ⇨ 최종진술		
최후행적	最后行踪	zuìhòuxíngzōng
추가자료	补充资料	bǔchōngzīliào
추간판탈출증	腰椎间盘突出症	yāozhuījiānpántūchū zhèng
추격	追击	zhuījī
추궁	追究	zhuījiū
추급효	追及效力	zhuījíxiàolì
추돌사고	追尾事故	zhuīwěishìgù
추락	坠落	zhuìluò
추락사	坠落死亡	zhuìluòsǐwáng
추락상	坠落伤	zhuìluòshāng
	高坠伤	gāozhuìshāng
추론	推论	tuīlùn
추리	推理	tuīlǐ
추상적 부합설	抽象符合说	chōuxiàngfúhéshuō
추상적 사실의 착오	抽象事实错误	chōuxiàngshìshícuòwù
추상적 위험범	抽象危险犯	chōuxiàngwēixiǎnfàn
추월	超车	chāochē
	超越	chāoyuè
추월차선	超车道	chāochēdào
추적	追踪	zhuīzōng
	跟踪	gēnzōng

추적검거	追踪缉拿	zhuīzōngjīná
	跟踪缉拿	gēnzōngjīná
추적조사	追踪调查	zhuīzōngdiàochá
	跟踪调查	gēnzōngdiàochá
추정적 승낙	推定(的)承诺	tuīdìng(de)chéngnuò
추징	追缴	zhuījiǎo
	追征	zhuīzhēng
추징금	追缴款	zhuījiǎokuǎn
추측	推测	tuīcè
	猜测	cāicè
추태	丑态	chǒutài
추태를 부리다	丑态百出	chǒutàibǎichū
	出丑	chūchǒu
추행	猥亵	wěixiè
추행목적 약취유인죄	以猥亵为目的掠取诱引罪	yǐwěixièwéimùdìlüèqǔyòuyǐnzuì
축소해석	缩小解释	suōxiǎojiěshì
출감	出狱	chūyù
	出监	chūjiān
출국금지	禁止出境	jìnzhǐchūjìng
	不准出境	bùzhǔnchūjìng
출국명령	出国命令	chūguómìnglìng
출국유예	暂缓出境	zànhuǎnchūjìng
출국정지	限制出境	xiànzhìchūjìng
출금 ⇨ 인출		
출동	出警	chūjǐng
	出动	chūdòng
출두	到案	dào'àn
	到场	dàochǎng
출생지	出生地	chūshēngdì
출석 ⇨ 출두		
출석거부	拒不到案	jùbúdào'àn
	拒不到场	jùbúdàochǎng
출석불응 ⇨ 출석거부		

출석요구	要求到案	yāoqiúdào'àn
	通知到场	tōngzhīdàochǎng
출석요구서	到场通知书	dàochǎngtōngzhīshū
출소 ⇨ 출감		
출소자	出狱人	chūyùrén
출입국관리사무소	出入境管理事务所	chūrùjìngguǎnlǐshìwùsuǒ
출입국기록	出入境记录	chūrùjìngjìlù
출입국사실증명서	出入境(事实)证明书	chūrùjìng(shìshí)zhèngmíngshū
출입국심사	出入境审查	chūrùjìngshěnchá
	出入境边防检查	chūrùjìngbiānfángjiǎnchá
출입금지	禁止出入	jìnzhǐchūrù
출입통제	出入管制	chūrùguǎnzhì
출정	出庭	chūtíng
	到庭	dàotíng
출정거부	拒绝出庭	jùjuéchūtíng
	拒不到庭	jùbúdàotíng
출처	出处	chūchù
	来源	láiyuán
출처불명	出处不明	chūchùbùmíng
	来源不明	láiyuánbùmíng
출판물에 의한 명예훼손죄	出版物毁损名誉罪	chūbǎnwùhuǐsǔnmíngyùzuì
	出版物损害名誉罪	chūbǎnwùsǔnhàimíngyùzuì
출혈	失血	shīxuè
	出血	chūxuè
충동	冲动	chōngdòng
충동범죄	冲动犯罪	chōngdòngfànzuì
충동살인	冲动杀人	chōngdòngshārén
충동조절장애	冲动控制障碍	chōngdòngkòngzhìzhàng'ài
충분한 증거	充分证据	chōngfènzhèngjù
취객	醉客	zuìkè
	醉汉	zuìhàn

취기 ⇨ 술기운		
취득시효	取得时效	qǔdéshíxiào
취약계층	弱势群体	ruòshìqúntǐ
취업비자	就业签证	jiùyèqiānzhèng
취업사기	就业诈骗	jiùyèzhàpiàn
취지	宗旨	zōngzhǐ
	旨趣	zhǐqù
취하 ⇨ 철회		
층간소음	层间噪音	céngjiānzàoyīn
	楼上噪音	lóushàngzàoyīn
치료감호	治疗监护	zhìliáojiānhù
치료감호소	治疗监护所	zhìliáojiānhùsuǒ
치료일수	治疗天数	zhìliáotiānshù
	治疗日期	zhìliáorìqī
치료조치	治疗措施	zhìliáocuòshī
치매	痴呆(症)	chīdāi(zhèng)
치매환자	痴呆患者	chīdāihuànzhě
치명상	致命伤	zhìmìngshāng
치명적 결과	致命后果	zhìmìnghòuguǒ
치명적 공격	致命攻击	zhìmìnggōngjī
치밀하게 계획하다	精心策划	jīngxīncèhuà
	周密策划	zhōumìcèhuà
치사	致人死亡	zhìrénsǐwáng
	致死	zhìsǐ
치사량	致死量	zhìsǐliàng
치상	致人伤害	zhìrénshānghài
	致伤	zhìshāng
치안	治安	zhì'ān
치안만족도	治安满意度	zhì'ānmǎnyìdù
치안상황	治安状况	zhì'ānzhuàngkuàng
치안센터44)	治安中心	zhì'ānzhōngxīn
	派出所	pàichūsuǒ
치안수요	治安需求	zhì'ānxūqiú
치안질서	治安秩序	zhì'ānzhìxù
치안활동	治安活动	zhì'ānhuódòng

치열한 공방	激烈控辩	jīlièkòngbiàn
	激烈交锋	jīlièjiāofēng
치외법권	治外法权	zhìwàifǎquán
치욕	耻辱	chǐrǔ
	羞辱	xiūrǔ
치욕을 은폐하다	掩盖耻辱	yǎngàichǐrǔ
치정에 의한 살인	情杀	qíngshā
친고죄	亲告罪	qīngàozuì
	告诉才处理的犯罪	gàosùcáichǔlǐdefànzuì
친자감정	亲子鉴定	qīnzǐjiàndìng
친족	亲属	qīnshǔ
친족간 특례	亲属间的特例	qīnshǔjiāndetèlì
친족간의 범행	亲属犯罪	qīnshǔfànzuì
	亲属之间犯罪行为	qīnshǔzhījiānfànzuìxíngwéi
친족관계	亲属关系	qīnshǔguānxi
친족상도례	亲族相盗例	qīnzúxiāngdàolì
	亲属相盗罪	qīnshǔxiāngdàozuì
친척관계	亲戚关系	qīnqīguānxi
침입강도	入室抢劫	rùshìqiǎngjié
	入户抢劫	rùhùqiǎngjié
침입절도	入室盗窃	rùshìdàoqiè
	入户盗窃	rùhùdàoqiè
침해	侵害	qīnhài
침해범	侵害犯	qīnhàifàn
침해법익	侵害法益	qīnhàifǎyì

한중 형사법률용어사전

ㅋ

카드발급	发卡	fākǎ
카드발급은행	发卡银行	fākǎyínháng
카드빚	信用卡债务	xìnyòngkǎzhàiwù
	信用卡负债	xìnyòngkǎfùzhài
카드소지자	持卡人	chíkǎrén
카메라등이용촬영죄	利用相机等拍摄罪	lìyòngxiàngjīděngpāishè zuì
카지노 ⇨ 도박장		
칼부림	动刀(子)	dòngdāo(zi)
	挥刀	huīdāo
칼자국	刀疤	dāobā
	刀痕	dāohén
커미션	佣金	yòngjīn
	酬金	chóujīn
커터칼	美工刀	měigōngdāo
	裁纸刀	cáizhǐdāo
컴퓨터범죄	计算机犯罪	jìsuànjīfànzuì
컴퓨터사용사기죄	使用计算机诈骗罪	shǐyòngjìsuànjīzhàpiàn zuì
코카인	可卡因	kěkǎyīn
콜센터	呼叫中心	hūjiàozhōngxīn
	客服电话	kèfúdiànhuà
클럽	夜店	yèdiàn
	夜总会	yèzǒnghuì
키스방	接吻房	jiēwěnfáng

한중 형사법률용어사전

타당성	妥当性	tuǒdàngxìng
타박상 ⇨ 멍		
타살	他杀	tāshā
타살 혐의점	他杀嫌疑	tāshāxiányí
타액	唾液	tuòyè
타액검사	唾液检测	tuòyèjiǎncè
타이어 자국	轮胎痕迹	lúntāihénjì
	轮胎印痕	lúntāiyìnhén
타인의 비밀	他人秘密	tārénmìmì
타인의 사무를 처리하는 자	处理他人事务的人	chǔlǐtārénshìwùderén
타인의 주거	他人住所	tārénzhùsuǒ
타인이 간수하는 가옥	他人看守的住宅	tārénkānshǒudezhùzhái
타행이체	跨行转账	kuàhángzhuǎnzhàng
탄두	弹头	dàntóu
탄로나다	曝光	bàoguāng
	暴光	bàoguāng
탄원서	请愿书	qǐngyuànshū
탄핵	弹劾	tánhé
탄핵주의	弹劾主义	tánhézhǔyì
탄핵증거	弹劾证据	tánhézhèngjù
탄흔	弹痕	dànhén
탈북자	脱北者	tuōběizhě
탈세	逃税	táoshuì
	漏税	lòushuì
탈옥	越狱	yuèyù
탈옥수	越狱犯	yuèyùfàn

탈주 ⇨ 도망		
탈주범 ⇨ 도주범		
탈출구	出路	chūlù
	出口	chūkǒu
탐문수사	走访侦查	zǒufǎngzhēnchá
	走访排查	zǒufǎngpáichá
탐정	侦探	zhēntàn
탑승자	乘客	chéngkè
	搭乘人员	dāchéngrényuán
태만	怠慢	dàimàn
태아	胎儿	tāi'ér
태업	怠工	dàigōng
택일적 고의	择一故意	zéyīgùyì
택일적 기재	择一性记载	zéyīxìngjìzǎi
택일적 인과관계	择一的因果关系	zéyīdeyīnguǒguānxi
테러	恐怖(行动)	kǒngbù(xíngdòng)
테러리스트	恐怖分子	kǒngbùfènzǐ
테러리즘	恐怖主义	kǒngbùzhǔyì
테러조직	恐怖组织	kǒngbùzǔzhī
테러집단	恐怖集团	kǒngbùjítuán
테이저건	泰瑟枪	tàisèqiāng
	电击枪	diànjīqiāng
테이프	胶带	jiāodài
토막내다	肢解	zhījiě
	支解	zhījiě
토막살해	杀人分尸	shārénfēnshī
토지관할	土地管辖	tǔdìguǎnxiá
	地域管辖	dìyùguǎnxiá
통고	通告	tōnggào
통고처분	行政罚款	xíngzhèngfákuǎn
통모	通谋	tōngmóu
통보	通报	tōngbào
통상관례	通常惯例	tōngchángguànlì
통설	通说	tōngshuō

통신매체이용음란	使用通信媒体淫乱	shǐyòngtōngxìnméitǐyínluàn
통신설비	通信设备	tōngxìnshèbèi
통신수사	通信侦查	tongxìnzhēnchá
통신제한조치	通信限制措施	tōngxìnxiànzhìcuòshī
통역	翻译	fānyì
	口译	kǒuyì
통역인	翻译(人员)	fānyì(rényuán)
	口译人员	kǒuyìrényuán
통장	存折	cúnzhé
통제능력	控制能力	kòngzhìnénglì
통지	通知	tōngzhī
통지서	通知书	tōngzhīshū
통화(통화)	(流通)货币	(liútōng)huòbì
	通货	tōnghuò
통화기록	通话记录	tōnghuàjìlù
	通讯记录	tōngxùnjìlù
통화내역 ⇨ 통화기록		
통화변조죄	变造货币罪	biànzàohuòbìzuì
통화위조죄	伪造货币罪	wěizàohuòbìzuì
통화유사물제조죄	制造货币类似物罪	zhìzàohuòbìlèisìwùzuì
퇴거불응죄	拒不退出罪	jùbútuìchūzuì
퇴정	退庭	tuìtíng
퇴정명령	退庭命令	tuìtíngmìnglìng
투숙기록	开房记录	kāifángjìlù
투자미끼	以投资为诱饵	yǐtóuzīwéiyòu'ěr
투자사기	投资诈骗	tóuzīzhàpiàn
투척	投掷	tóuzhì
	投放	tóufàng
투항	投降	tóuxiáng
트라우마	精神创伤	jīngshénchuāngshāng
트랜스젠더 ⇨ 성전환자		
트렁크	后备箱	hòubèixiāng
트집을 잡다	找茬儿	zhǎochár
특검	特别检察官	tèbiéjiǎncháguān

특례	特例	tèlì
특별검사 ⇨ 특검		
특별관계	特别关系	tèbiéguānxi
특별대리인	特别代理人	tèbiédàilǐrén
특별법	特别法	tèbiéfǎ
특별변호인	特别辩护人	tèbiébiànhùrén
특별사면	特别赦免	tèbiéshèmiǎn
	特赦	tèshè
특별소송절차	特别诉讼程序	tèbiésùsòngchéngxù
특별예방	特殊预防	tèshūyùfáng
특별한 관계	特殊关系	tèshūguānxi
특별한 규정	特别规定	tèbiéguīdìng
특별한 조치	特别措施	tèbiécuòshī
특별형법	特别刑法	tèbiéxíngfǎ
특사 ⤷ 특별사면		
특수감금죄	特殊监禁罪	tèshūjiānjìnzuì
특수강간죄	特殊强奸罪	tèshūqiángjiānzuì
특수강도죄	特殊抢劫罪	tèshūqiǎngjiézuì
특수공무집행방해죄	特殊妨害执行公务罪	tèshūfánghàizhíxínggōngwùzuì
특수도주죄	特殊脱逃罪	tèshūtuōtáozuì
특수매체기록	特殊媒体记录	tèshūméitǐjìlù
특수손괴죄	特殊损坏罪	tèshūsǔnhuàizuì
	特殊毁坏罪	tèshūhuǐhuàizuì
특수절도죄	特殊盗窃罪	tèshūdàoqièzuì
특수주거침입죄	特殊侵入住宅罪	tèshūqīnrùzhùzháizuì
특수체질	特异体质	tèyìtǐzhì
	特殊体质	tèshūtǐzhì
특수체포죄	特殊拘留罪	tèshūjūliúzuì
특수폭행죄	特殊暴行罪	tèshūbàoxíngzuì
특수협박죄	特殊胁迫罪	tèshūxiépòzuì
특정한 사유	特定事由	tèdìngshìyóu
특칙	特殊规则	tèshūguīzé
	特则	tèzé
특허	专利	zhuānlì

특허권	专利权	zhuānlìquán
특허신청	专利申请	zhuānlìshēnqǐng
특히 신빙할 수 있는 상태	特別可信状态	tèbiékěxìnzhuàngtài

한중 형사법률용어사전

파견	指派	zhǐpài
	派遣	pàiqiǎn
파괴	破坏	pòhuài
파기	撤销	chèxiāo
파기이송	撤销移送	chèxiāoyísòng
파기자판	(亲自)改判	(qīnzì)gǎipàn
	直接改判	zhíjiēgǎipàn
파기환송	发回重审	fāhuíchóngshěn
파면	罢免	bàmiǎn
파산	破产	pòchǎn
파산범죄	破产犯罪	pòchǎnfànzuì
파산선고	破产宣告	pòchǎnxuāngào
파산절차	破产程序	pòchǎnchéngxù
파손	破损	pòsǔn
	损坏	sǔnhuài
파업	罢工	bàgōng
파일	文件	wénjiàn
	档案	dàng'àn
파일 복구	文件恢复	wénjiànhuīfù
파출소	派出所	pàichūsuǒ
판결	判决	pànjué
판결결과	判决结果	pànjuéjiéguǒ
판결공시	判决公告	pànjuégōnggào
판결기록	判决记录	pànjuéjìlù
판결문	判决书	pànjuéshū
판결선고	判决宣告	pànjuéxuāngào

판결선고 전의 구금일수	判决宣告前羁押日期	pànjuéxuāngàoqiánjīyārìqī
판결에 영향을 미친 사유	影响到判决的事由	yǐngxiǎngdàopànjuédeshìyóu
판결요지	判决要旨	pànjuéyàozhǐ
판결을 뒤집다	推翻判决	tuīfānpànjué
	翻案	fān'àn
판결이유	判决理由	pànjuélǐyóu
판결 전 구금	判决前羁押	pànjuéqiánjīyā
판결정정	判决更正	pànjuégēngzhèng
판결집행	执行判决	zhíxíngpànjué
판결확정	判决确定	pànjuéquèdìng
판단근거	判断依据	pànduànyījù
판단능력	判断能力	pànduànnénglì
판단력을 잃다	失去判断力	shīqùpànduànlì
판단착오	判断错误	pànduàncuòwù
판례	判例	pànlì
판례의 변경	判例变更	pànlìbiàngēng
판매책	经销商	jīngxiāoshāng
	销售人员	xiāoshòurényuán
판사	法官	fǎguān
	审判官	shěnpànguān
팔다리 ⇨ 사지		
패륜	违背伦理	wéibèilúnlǐ
패소	败诉	bàisù
패소자	败诉方	bàisùfāng
패싸움	群架	qúnjià
	群殴	qún'ōu
패싸움을 하다	打群架	dǎqúnjià
팩스 ⇨ 모사전송기		
페인트	油漆	yóuqī
펜치	钳子	qiánzi
편견	偏见	piānjiàn
편도2차선	单向双车道	dānxiàngshuāngchēdào
	单向两车道	dānxiàngliǎngchēdào

편면적 공동정범	片面共同正犯	piànmiàngòngtóngzhèngfàn
	片面共犯	piànmiàngòngfàn
편의시설부정이용죄	不正当利用便利设施罪	búzhèngdànglìyòngbiànlìshèshīzuì
편집증	偏执症	piānzhízhèng
	偏执性精神病	piānzhíxìngjīngshénbìng
편취	骗取	piànqǔ
편파	偏颇	piānpō
	不公平	bùgōngpíng
평균인 ⇨ 일반인		
평등의 원칙	平等原则	píngděngyuánzé
평면도	平面图	píngmiàntú
평판 ⇨ 명성		
폐기	废弃	fèiqì
폐기물	废弃物	fèiqìwù
폐쇄	封闭	fēngbì
	闭锁	bìsuǒ
폐쇄적 구성요건	封闭的构成要件	fēngbìdegòuchéngyàojiàn
폐정	闭庭	bìtíng
폐지	废止	fèizhǐ
	废除	fèichú
포괄일죄	包括一罪	bāokuòyīzuì
포상금	奖金	jiǎngjīn
포섭	拉拢	lālǒng
포승(줄)	警绳	jǐngshéng
포위	包围	bāowéi
폭동	暴动	bàodòng
	暴乱	bàoluàn
폭력	暴力	bàolì
폭력배	暴徒	bàotú
폭력범죄	暴力犯罪	bàolìfànzuì
폭력성향	暴力倾向	bàolìqīngxiàng
폭력을 행사하다	行使暴力	xíngshǐbàolì
	施暴	shībào

폭력적 공격	暴力攻击	bàolìgōngjī
폭력행위	暴力行为	bàolìxíngwéi
폭리	暴利	bàolì
폭발물	爆炸物(品)	bàozhàwù(pǐn)
폭발물사용죄	使用爆炸物罪	shǐyòngbàozhàwùzuì
폭발성물건파열죄	爆炸性物品破裂罪	bàozhàxìngwùpǐnpòlièzuì
폭발성물건파열치사죄	爆炸性物品破裂致死罪	bàozhàxìngwùpǐnpòlièzhìsǐzuì
폭발성물건파열치상죄	爆炸性物品破裂致伤罪	bàozhàxìngwùpǐnpòlièzhìshāngzuì
폭주족	飙车族	biāochēzú
폭탄	炸弹	zhàdàn
폭탄설치	安装炸弹	ānzhuāngzhàdàn
	安置炸弹	ānzhìzhàdàn
폭딘해체	拆除炸弹	chāichúzhàdàn
	解除炸弹	jiěchúzhàdàn
폭행죄	暴行罪	bàoxíngzuì
폭행치사죄	暴行致死罪	bàoxíngzhìsǐzuì
폭행치상죄	暴行致伤罪	bàoxíngzhìshāngzuì
폴리스라인	警戒线	jǐngjièxiàn
표류물	漂流物	piāoliúwù
표지	标志	biāozhì
	标识	biāozhì
표창	表彰	biǎozhāng
	表扬	biǎoyáng
표피	表皮	biǎopí
표피박탈	表皮脱落	biǎopítuōluò
	表皮剥脱	biǎopíbōtuō
표현범	表现犯	biǎoxiànfàn
풍속	风俗	fēngsú
	风化	fēnghuà
풍속을 해하는 행위	妨害风俗的行为	fánghàifēngsúdexíngwéi
	有伤风化的行为	yǒushāngfēnghuàdexíngwéi
프라이버시권	隐私权	yǐnsīquán

프로파일러	犯罪侧写师	fànzuìcèxiěshī
프로파일링	犯罪侧写	fànzuìcèxiě
프로포폴	丙泊酚	bǐngbófēn
플리바게닝	辩诉交易	biànsùjiāoyì
피강요자	被强迫人	bèiqiángpòrén
피검문자	被盘问人	bèipánwènrén
	被盘查人	bèipánchárén
피고	被告	bèigào
피고발인	被举报人	bèijǔbàorén
피고소인	被控告人	bèikònggàorén
	被告诉人	bèigàosùrén
피고용인	受雇人	shòugùrén
피고인	被告人	bèigàorén
피고인석	被告人席	bèigàorénxí
피고인의 명시한 의사에 반하다	违背被告人的明示意思	wéibèibèigàoréndemíng shìyìsi
피고인의 진술을 기재한 서류	记载被告人陈述的文书	jìzǎibèigàorénchénshùde wénshū
피교사자	被教唆人	bèijiàosuōrén
피난의사	避难意思	bìnànyìsi
	避险意思	bìxiǎnyìsi
피난행위	避难行为	bìnànxíngwéi
	避险行为	bìxiǎnxíngwéi
피묻은 족적	血足迹	xuèzújì
	血脚印	xuèjiǎoyìn
피묻은 지문	血指纹	xuèzhǐwén
피비린내	血腥	xuèxīng
피살	被杀(害)	bèishā(hài)
	遇害	yùhài
피상속인	被继承人	bèijìchéngrén
피선거권	被选举权	bèixuǎnjǔquán
피선거인	被选举人	bèixuǎnjǔrén
피송달인	受送达人	shòusòngdárén
피싱	网络钓鱼	wǎngluòdiàoyú
피싱사기	网络钓鱼诈骗	wǎngluòdiàoyúzhàpiàn

피싱사이트	钓鱼网站	diàoyúwǎngzhàn
피의사실	嫌疑事实	xiányíshìshí
피의사실공표죄	擅自公布嫌疑事实罪	shànzìgōngbùxiányíshìshízuì
피의자	(犯罪)嫌疑人	(fànzuì)xiányírén
피의자를 특정하다	锁定(犯罪)嫌疑人	suǒdìng(fànzuì)xiányírén
피의자신문	讯问犯罪嫌疑人	xùnwènfànzuìxiányírén
피의자신문조서45)	讯问笔录	xùnwènbǐlù
피의자 아닌 자	非嫌疑人	fēixiányírén
피의자 인적사항	犯罪嫌疑人基本情况	fànzuìxiányírénjīběnqíngkuàng
피하출혈	皮下出血	píxiàchūxuè
피해구제	被害救济	bèihàijiùjì
피해금액	损失金额	sǔnshījīn'é
피해망상증	被害妄想症	bèihàiwàngxiǎngzhèng
피해법익	被害法益	bèihàifǎyì
피해자	被害人	bèihàirén
	受害人	shòuhàirén
피해자에 대한 관계	与被害人的关系	yǔbèihàiréndeguānxi
피해자의 승낙	被害人(的)承诺	bèihàirén(de)chéngnuò
필로폰 ⇨ 메스암페타민		
필요사항	必要事项	bìyàoshìxiàng
필요성의 원칙	必要性原则	bìyàoxìngyuánzé
필요적 공범	必要共犯	bìyàogòngfàn
필요적 몰수	强制没收	qiángzhìmòshōu
필요적 변호	强制辩护	qiángzhìbiànhù
필요한 조치	必要措施	bìyàocuòshī
필적	笔迹	bǐjì
필적감정	笔迹鉴定	bǐjìjiàndìng

한중 형사법률용어사전

ㅎ

하급법원	下级法院	xiàjífǎyuàn
하급심	下级审	xiàjíshěn
	下级法院审理	xiàjífǎyuànshěnlǐ
하반신	下(半)身	xià(bàn)shēn
하소연	诉说	sùshuō
	倾诉	qīngsù
학교전담경찰관 ⇨ 스쿨폴리스		
학교폭력	校园欺凌	xiàoyuánqīlíng
	校园暴力	xiàoyuánbàolì
학대당하다	遭受虐待	zāoshòunüèdài
	受到虐待	shòudàonüèdài
학대죄	虐待罪	nüèdàizuì
학대치사죄	虐待致死罪	nüèdàizhìsǐzuì
학대치상죄	虐待致伤罪	nuèdàizhìshāngzuì
학력	学历	xuélì
	文化程度	wénhuàchéngdù
학살	虐杀	nüèshā
	屠杀	túshā
학설	学说	xuéshuō
한부모가정	单亲家庭	dānqīnjiātíng
한시법	限时法	xiànshífǎ
한의사	韩医师	hányīshī
한정책임능력	限制责任能力	xiànzhìzérènnénglì
한정치산자	准禁治产人	zhǔnjìnzhìchǎnrén
한패	同伙	tónghuǒ
함정	陷阱	xiànjǐng

함정교사	陷阱教唆	xiànjǐngjiàosuō
	陷害教唆	xiànhàijiàosuō
함정수사46)	陷阱侦查	xiànjǐngzhēnchá
	诱惑侦查	yòuhuòzhēnchá
함정에 빠지다 ⇨ 속임수에 넘어가다		
합동범	合同犯	hétóngfàn
합동절도	合同盗窃	hétóngdàoqiè
합리적 근거	合理根据	hélǐgēnjù
합리적 의심	合理怀疑	hélǐhuáiyí
합리적 의심을 배제하다	排除合理怀疑	páichúhélǐhuáiyí
합리적 이유	合理理由	hélǐlǐyóu
합목적성	合目的性	hémùdìxìng
합법성	合法性	héfǎxìng
합법적 행위	合法行为	héfǎxíngwéi
합병	合并	hébìng
합병증	并发症	bìngfāzhèng
합의	协议	xiéyì
	和解	héjiě
합의법원	合议法院	héyìfǎyuàn
합의부	合议庭	héyìtíng
합의부원	合议庭成员	héyìtíngchéngyuán
합의서	协议书	xiéyìshū
	和解书	héjiěshū
합의제	合议制	héyìzhì
합헌	合宪	héxiàn
합헌결정	合宪决定	héxiànjuédìng
	合宪裁定	héxiàncáidìng
항거	抗拒	kàngjù
항거불능상태	无法抗拒的状态	wúfǎkàngjùdezhuàngtài
항고	抗告	kànggào
항고권	抗告权	kànggàoquán
항고권소멸	抗告权消灭	kànggàoquánxiāomiè
항고권자	抗告权人	kànggàoquánrén
항고기각	驳回抗告	bóhuíkànggào
항고법원	抗告法院	kànggàofǎyuàn

항고이유	抗告理由	kànggàolǐyóu
항공기	航空器	hángkōngqì
	飞机	fēijī
항문	肛门	gāngmén
항변	抗辩	kàngbiàn
항소47)	抗诉	kàngsù
항소권	抗诉权	kàngsùquán
항소권소멸	抗诉权消灭	kàngsùquánxiāomiè
항소권회복	恢复抗诉权	huīfùkàngsùquán
항소기각	驳回抗诉	bóhuíkàngsù
항소기간	抗诉期限	kàngsùqīxiàn
항소법원	抗诉法院	kàngsùfǎyuàn
항소심	抗诉审	kàngsùshěn
항소이유	抗诉理由	kàngsùlǐyóu
항소인	抗诉人	kàngsùrén
항소장	抗诉状	kàngsùzhuàng
항소제기	提起抗诉	tíqǐkàngsù
항소취하	撤回抗诉	chèhuíkàngsù
항소포기	放弃抗诉	fàngqìkàngsù
항해일지	航海日志	hánghǎirìzhì
	航行日志	hángxíngrìzhì
해경	海警	hǎijǐng
해고	解雇	jiěgù
해금	解禁	jiějìn
해독	解毒	jiědú
해산	解散	jiěsàn
해산명령	解散命令	jiěsànmìnglìng
해상강도살인죄	海上抢劫杀人罪	hǎishàngqiǎngjiéshārénzuì
해상강도상해죄	海上抢劫伤害罪	hǎishàngqiǎngjiéshānghàizuì
해상강도죄	海上抢劫罪	hǎishàngqiǎngjiézuì
해상강도치사죄	海上抢劫致死罪	hǎishàngqiǎngjiézhìsǐzuì
해상강도치상죄	海上抢劫致伤罪	hǎishàngqiǎngjiézhìshāngzuì

해석	解释	jiěshì
해커	黑客	hēikè
해킹	黑客行为	hēikèxíngwéi
해킹공격	黑客攻击	hēikègōngjī
해킹당하다	遭到黑客攻击	zāodàohēikègōngjī
	被黑(客攻击)	bèihēi(kègōngjī)
핵심인물	骨干分子	gǔgànfènzǐ
	核心人物	héxīnrénwù
핵심쟁점	核心焦点	héxīnjiāodiǎn
핵심증거	核心证据	héxīnzhèngjù
	关键证据	guānjiànzhèngjù
핵심증인	核心证人	héxīnzhèngrén
	关键证人	guānjiànzhèngrén
행방	下落	xiàluò
	去向	qùxiàng
행방불명 ⇨ 소재불명		
행사	行使	xíngshǐ
행위	行为	xíngwéi
행위객체	行为客体	xíngwéikètǐ
행위능력	行为能力	xíngwéinénglì
행위반가치	行为无价值	xíngwéiwújiàzhí
행위분석	行为分析	xíngwéifēnxi
행위시법	行为时法	xíngwéishífǎ
행위유형	行为类型	xíngwéilèixíng
행위자	行为人	xíngwéirén
행위주체	行为主体	xíngwéizhǔtǐ
행위지배	行为支配	xíngwéizhīpèi
행위책임	行为责任	xíngwéizérèn
행인 ⇨ 보행자		
행적	行踪	xíngzōng
행적을 추적하다	追踪行踪	zhuīzōngxíngzōng
	跟踪行踪	gēnzōngxíngzōng
행적이 묘연하다	行踪诡秘	xíngzōngguǐmì
행정강제	行政强制	xíngzhèngqiángzhì
행정권	行政权	xíngzhèngquán

ㄱ
ㄴ
ㄷ
ㄹ
ㅁ
ㅂ
ㅅ
ㅇ
ㅈ
ㅊ
ㅋ
ㅌ
ㅍ
ㅎ

행정기관	行政机关	xíngzhèngjīguān
행정명령	行政命令	xíngzhèngmìnglìng
행정목적	行政目的	xíngzhèngmùdì
행정법규	行政法规	xíngzhèngfǎguī
행정사건	行政案件	xíngzhèng'ànjiàn
행정소송	行政诉讼	xíngzhèngsùsòng
행정처분	行政处分	xíngzhèngchǔfèn
행진	游行	yóuxíng
행진대오	游行队伍	yóuxíngduìwǔ
행패를 부리다	动粗	dòngcū
	耍赖	shuǎlài
행형	行刑	xíngxíng
향유할 수 있는 권리	享有的权利	xiǎngyǒudequánlì
향응	款待	kuǎndài
향응제공	提供款待	tígōngkuǎndài
향정신성의약품	精神药品	jīngshényàopǐn
허가	许可	xǔkě
	准许	zhǔnxǔ
허가장	许可证	xǔkězhèng
허용규범	容许规范	róngxǔguīfàn
허용된 위험	被容许的危险	bèiróngxǔdewēixiǎn
	被允许的危险	bèiyǔnxǔdewēixiǎn
허용한도	容许限度	róngxǔxiàndù
허위	虚假	xūjiǎ
	虚伪	xūwěi
허위감정죄	虚假鉴定罪	xūjiǎjiàndìngzuì
허위계정	虚假账户	xūjiǎzhànghù
	虚假账号	xūjiǎzhànghào
허위공문서작성죄	制作虚伪公文罪	zhìzuòxūwěigōngwénzuì
허위광고	虚假广告	xūjiǎguǎnggào
허위기재	虚假记载	xūjiǎjìzǎi
허위번역죄	虚假翻译罪	xūjiǎfānyìzuì
허위비자	虚假签证	xūjiǎqiānzhèng
	伪假签证	wěijiǎqiānzhèng

허위사실	虚假事实	xūjiǎshìshí
	虚构事实	xūgòushìshí
허위사실유포	散布虚假事实	sànbùxūjiǎshìshí
허위선전	虚假宣传	xūjiǎxuānchuán
허위신고	报假警	bàojiǎjǐng
	谎报警情	huǎngbàojǐngqíng
허위양도	虚假转让	xūjiǎzhuǎnràng
허위유가증권작성죄	制作虚伪有价证券罪	zhìzuòxūwěiyǒujiàzhèngquànzuì
허위정보	虚假信息	xūjiǎxìnxī
허위증언	虚假证言	xūjiǎzhèngyán
허위진단서작성죄	制作虚伪诊断书罪	zhìzuòxūwěizhěnduànshūzuì
허위진술 ⇨ 거짓진술		
허위채무	虚假债务	xūjiǎzhàiwù
허위채무를 부담하다	承担虚假债务	chéngdānxūjiǎzhàiwù
허위통역죄 ⇨ 허위번역죄		
허점	破绽	pòzhàn
	漏洞	lòudòng
헌법	宪法	xiànfǎ
헌법불합치	不符合宪法	bùfúhéxiànfǎ
헌법소원	宪法诉愿	xiànfǎsùyuàn
헌법소원제기	提起宪法诉愿	tíqǐxiànfǎsùyuàn
헌법에 저촉되다	抵触宪法	dǐchùxiànfǎ
헌법재판소	宪法法院	xiànfǎfǎyuàn
	宪法裁判所	xiànfǎcáipànsuǒ
헌법합치	符合宪法	fúhéxiànfǎ
험담	毁谤	huǐbàng
	污蔑	wūmiè
험상궂다	面目凶恶	miànmùxiōngè
	表情狰狞	biǎoqíngzhēngníng
헛소문 ⇨ 루머		
헤로인	海洛因	hǎiluòyīn
헤로인 순도	海洛因纯度	hǎiluòyīnchúndù
헬멧	头盔	tóukuī

현금수송차	运钞车	yùnchāochē
현금인출	提取现金	tíqǔxiànjīn
	提现	tíxiàn
현금자동입출금기 ⇨ 에이티엠(ATM)기		
현금카드	现金卡	xiànjīnkǎ
현상금	悬赏(奖)金	xuánshǎng(jiǎng)jīn
현상수배	悬赏通缉	xuánshǎngtōngjī
현장	现场	xiànchǎng
현장감식	现场勘查	xiànchǎngkānchá
현장검증	现场勘验	xiànchǎngkānyàn
현장보존	保护现场	bǎohùxiànchǎng
현장봉쇄	封锁现场	fēngsuǒxiànchǎng
현장사진	现场照片	xiànchǎngzhàopiàn
현장상황	现场情况	xiànchǎngqíngkuàng
현장수색	现场搜查	xiànchǎngsōuchá
현장이탈	脱离现场	tuōlíxiànchǎng
현장조사	现场调查	xiànchǎngdiàochá
현장훼손	破坏现场	pòhuàixiànchǎng
현재지	现在所在地	xiànzàisuǒzàidì
현저한 사유	明显事由	míngxiǎnshìyóu
현저한 증적	明显的犯罪痕迹	míngxiǎndefànzuìhénjì
현주건조물방화죄	现住建筑物放火罪	xiànzhùjiànzhùwùfàng huǒzuì
현주건조물방화치사죄	现住建筑物放火致死罪	xiànzhùjiànzhùwùfàng huǒzhìsǐzuì
현주건조물방화치상죄	现住建筑物放火致伤罪	xiànzhùjiànzhùwùfàng huǒzhìshāngzuì
현주건조물일수죄	现住建筑物决水罪	xiànzhùjiànzhùwùjuéshuǐ zuì
현주건조물일수치사죄	现住建筑物决水致死罪	xiànzhùjiànzhùwùjuéshuǐ zhìsǐzuì
현주건조물일수치상죄	现住建筑物决水致伤罪	xiànzhùjiànzhùwùjuéshuǐ zhìshāngzuì
현행범	现行犯	xiànxíngfàn
현행법	现行法	xiànxíngfǎ

혈액	血液	xuèyè
혈액검사	血液检测	xuèyèjiǎncè
혈액샘플	血样	xuèyàng
혈액채취	采集血液	cǎijíxuèyè
	提取血液	tíqǔxuèyè
혈액형	血型	xuèxíng
혈연관계	血缘关系	xuèyuánguānxi
혈족	血亲	xuèqīn
혈중알콜농도	血液酒精浓度	xuèyèjiǔjīngnóngdù
	血醇浓度	xuèchúnnóngdù
혈흔	血痕	xuèhén
	血迹	xuèjì
혐오	厌恶	yànwù
	嫌恶	xiánwù
혐오범죄	厌恶犯罪	yànwùfànzuì
혐의	嫌疑	xiányí
혐의가 무겁다	嫌疑严重	xiányíyánzhòng
혐의를 받다	涉嫌	shèxián
혐의를 벗다	洗脱嫌疑	xǐtuōxiányí
	洗清嫌疑	xǐqīngxiányí
혐의를 부인하다	否认嫌疑	fǒurènxiányí
혐의를 인정하다	承认嫌疑	chéngrènxiányí
혐의없음 ⇨ 무혐의		
혐의점	嫌疑点	xiányídiǎn
협박전화	威胁电话	wēixiédiànhuà
	恐吓电话	kǒnghèdiànhuà
협박죄	胁迫罪	xiépòzuì
	恐吓罪	kǒnghèzuì
협박편지	恐吓信	kǒnghèxìn
협상의 여지	商量的余地	shāngliángdeyúdì
협의	狭义	xiáyì
협의의 형법	狭义刑法	xiáyìxíngfǎ
협조	协助	xiézhù
	配合	pèihé
협조공문	(办案)协作函	(bàn'àn)xiézuòhán

형기	刑期	xíngqī
형기에 산입하다	折抵刑期	zhédǐxíngqī
형기의 계산	刑期计算	xíngqījìsuàn
형기의 기산	刑期起算	xíngqīqǐsuàn
형기종료	刑满	xíngmǎn
	刑期结束	xíngqījiéshù
형만기일	刑满日期	xíngmǎnrìqī
형명	刑名	xíngmíng
형벌	刑罚	xíngfá
형벌권	刑罚权	xíngfáquán
형벌능력	刑罚能力	xíngfánénglì
형벌불소급의 원칙	刑罚不溯及原则	xíngfábúsùjíyuánzé
형벌의 소멸	刑罚的消灭	xíngfádexiāomiè
형벌집행	刑罚执行	xíngfázhíxíng
형법	刑法	xíngfǎ
형법각칙	刑法分则	xíngfǎfēnzé
형법전	刑法典	xíngfǎdiǎn
형법총칙	刑法总则	xíngfǎzǒngzé
형사	刑事警察	xíngshìjǐngchá
	刑警	xíngjǐng
형사미성년자	未成年罪犯	wèichéngniánzuìfàn
형사범	刑事犯	xíngshìfàn
형사법	刑事法	xíngshìfǎ
형사보상	刑事补偿	xíngshìbǔcháng
형사사건	刑事案件	xíngshì'ànjiàn
형사소송	刑事诉讼	xíngshìsùsòng
형사소송규칙	刑事诉讼规则	xíngshìsùsòngguīzé
형사소송법정주의	刑事诉讼法定主义	xíngshìsùsòngfǎdìngzhǔyì
형사소송법	刑事诉讼法	xíngshìsùsòngfǎ
형사소송절차	刑事诉讼程序	xíngshìsùsòngchéngxù
형사소추	刑事追诉	xíngshìzhuīsù
형사재판	刑事审判	xíngshìshěnpàn
형사정책	刑事政策	xíngshìzhèngcè
형사제재	刑事制裁	xíngshìzhìcái

형사조정	刑事调停	xíngshìtiáotíng
형사조정위원회	刑事调停委员会	xíngshìtiáotíngwěiyuánhuì
형사책임	刑事责任	xíngshìzérèn
형사책임능력	刑事责任能力	xíngshìzérènnénglì
형사책임무능력자	无刑事责任能力人	wúxíngshìzérènnénglìrén
형사책임연령	刑事责任年龄	xíngshìzérènniánlíng
형사처벌	刑事处罚	xíngshìchǔfá
형사팀	刑警队	xíngjǐngduì
형사합의	刑事和解	xíngshìhéjiě
형사합의부	刑事合议庭	xíngshìhéyìtíng
형식범	形式犯	xíngshìfàn
형식적 의미의 형법	形式意义上的刑法	xíngshìyìyìshàngdexíngfǎ
형집행장	刑罚执行书	xíngfázhíxíngshū
형집행정지	停止执行刑罚	tíngzhǐzhíxíngxíngfá
호객행위	拉客行为	lākèxíngwéi
호송 ⇨ 압송		
호송관	押解人员	yājièrényuán
호송차	押解车	yājièchē
	押送车	yāsòngchē
호적	户籍	hùjí
호주	户主	hùzhǔ
혼수상태	昏迷状态	hūnmízhuàngtài
혼외정사	婚外情	hūnwàiqíng
혼인관계	婚姻关系	hūnyīnguānxi
혼인빙자간음죄[48]	借口婚姻奸淫罪	jièkǒuhūnyīnjiānyínzuì
	以婚姻为借口奸淫罪	yǐhūnyīnwéijièkǒujiānyínzuì
혼인의 해소	解除婚姻	jiěchúhūnyīn
화간	和奸	héjiān
화기	火器	huǒqì
화면캡쳐	截图	jiétú
	截屏	jiépíng
화상	烧伤	shāoshāng

화상채팅	视频聊天	shìpínliáotiān
화염병	燃烧瓶	ránshāopíng
화염병을 던지다	投掷燃烧瓶	tóuzhìránshāopíng
화이트칼라범죄	白领犯罪	báilǐngfànzuì
화인	起火原因	qǐhuǒyuányīn
	火因	huǒyīn
화인불상	火因不明	huǒyīnbùmíng
화재	火灾	huǒzāi
화재감식	火灾勘查	huǒzāikānchá
화재경보기	火灾警报器	huǒzāijǐngbàoqì
화폐	货币	huòbì
화풀이	泄愤	xièfèn
	发泄怒气	fāxiènùqì
화풀이 범죄	泄愤型犯罪	xièfènxíngfànzuì
화학약품	化学药品	huàxuéyàopǐn
화학적 거세	化学阉割	huàxuéyāngē
	药物去势	yàowùqùshì
화합물	化合物	huàhéwù
화해	和解	héjiě
화해조서	和解笔录	héjiěbǐlù
확대해석	扩大解释	kuòdàjiěshì
확신범	确信犯	quèxìnfàn
	信仰犯	xìnyǎngfàn
확실한 증거 ⇨ 명백한 증거		
확인서	确认书	quèrènshū
확장적 해석	扩张解释	kuòzhāngjiěshì
확정력	确定力	quèdìnglì
확정적 고의	确定故意	quèdìnggùyì
확정판결	生效判决	shēngxiàopànjué
	终局判决	zhōngjúpànjué
확진	确诊	quèzhěn
환각범	幻觉犯	huànjuéfàn
환경범죄	环境犯罪	huánjìngfànzuì
환경적 요인	环境因素	huánjìngyīnsù

환부	退还	tuìhuán
	返还	fǎnhuán
환전	兑换	duìhuàn
	换钱	huànqián
환전상	货币兑换商	huòbìduìhuànshāng
	外币兑换商	wàibìduìhuànshāng
환전소	外汇兑换处	wàihuìduìhuànchù
	外币兑换点	wàibìduìhuàndiǎn
환치기	非法换汇	fēifǎhuànhuì
	非法外汇交易	fēifǎwàihuìjiāoyì
환형처분	换刑处分	huànxíngchǔfèn
	易服劳役	yìfúláoyì
활동구역	活动区域	huódòngqūyù
황색실선	黄色实线	huángsèshíxiàn
황색점선	黄色虚线	huángsèxūxiàn
회개	悔改	huǐgǎi
	改悔	gǎihuǐ
회계장부	会计账簿	kuàijìzhàngbù
회복불가능성	不可恢复性	bùkěhuīfùxìng
회복적 사법	恢复性司法	huīfùxìngsīfǎ
회수	追回	zhuīhuí
회피	自行回避	zìxínghuíbì
	主动回避	zhǔdònghuíbì
회피가능성	回避可能性	huíbìkěnéngxìng
횡단보도	人行横道	rénxínghéngdào
	斑马线	bānmǎxiàn
횡령죄	侵占罪	qīnzhànzuì
횡설수설	颠三倒四	diānsāndǎosì
	胡说八道	húshuōbādào
효과 없는 교사	无效果的教唆	wúxiàoguǒdejiàosuō
효력	效力	xiàolì
효력범위	效力范围	xiàolìfànwéi
효용	效用	xiàoyòng
효용을 해하다	损害效用	sǔnhàixiàoyòng
후견감독인	监护人	jiānhùrén

후두부 ⇨ 뒤통수		
후속조치	后续措施	hòuxùcuòshī
후유증	后遗症	hòuyízhèng
후진	倒车	dàochē
후진기어	倒车挡	dàochēdǎng
	R挡	Rdǎng
후행차량 ⇨ 뒤차		
훈계	训诫	xùnjiè
	告诫	gàojiè
훈방	训诫后释放	xùnjièhòushìfàng
훔쳐 팔다	盗卖	dàomài
훼손	毁坏	huǐhuài
	损坏	sǔnhuài
휘두르다	挥舞	huīwǔ
	挥动	huīdòng
휴대폰 공기계	裸机	luǒjī
휴대폰 공장초기화	手机恢复出厂设置	shǒujīhuīfùchūchǎngshèzhì
휴대폰 기지국	手机基站	shǒujījīzhàn
휴대폰 사용자	手机用户	shǒujīyònghù
휴대폰 식별번호 ⇨ 아이엠이아이(IMEI)		
휴대폰신호	手机信号	shǒujīxìnhào
휴업손해금	误工费	wùgōngfèi
휴정	休庭	xiūtíng
흉기	凶器	xiōngqì
흉기소지	携带凶器	xiédàixiōngqì
	持械	chíxiè
흉기소지강도	持械抢劫	chíxièqiǎngjié
흉부	胸部	xiōngbù
흉악	凶恶	xiōngè
	残暴	cánbào
흉악무도	穷凶极恶	qióngxiōngjí'è
흉악범	凶犯	xiōngfàn
흉악범죄	凶恶犯罪	xiōngèfànzuì
	恶性犯罪	èxìngfànzuì

흉터	疤痕	bāhén
흔적	痕迹	hénjì
흔적은 거짓말을 하지 않는다	痕迹不说谎	hénjìbùshuōhuǎng
흔적을 남기다	留下痕迹	liúxiàhénjì
흠결	欠缺	qiànquē
흠집 ⇨ 긁힌 자국		
흡수범	吸收犯	xīshōufàn
흡수주의	吸收主义	xīshōuzhǔyì
흡입	吸食	xīshí
	吸入	xīrù
흥분제	兴奋剂	xīngfènjì

1) 중국 형사소송법은 '각하'와 '기각'을 구분하지 않고 모두 '驳回'로 표현한다.
2) 경찰서 유치장에 입감하기 전, 속옷을 입은 상태에서 위험물을 점검하는 검사를 말한다.
3) 2015년 2월 26일 헌법재판소는 "간통죄는 국민의 성적 자기결정권과 사생활의 비밀 자유를 침해하는 것으로 헌법에 위반된다"고 판시하며 위헌결정을 내렸다. 중국 형법에 간통죄를 처벌하는 규정은 없다. 다만, 배우자가 있으면서 결혼하였거나 타인이 배우자 있다는 것을 알면서도 그와 결혼하는 행위를 '중혼죄(重婚罪)'로 처벌하고 있다(중국 형법 제258조).
4) 체포·구속·압수·수색 등의 '강제처분'은 중국 형사소송법에서 '强制措施'로 표현한다.
5) '검시'는 수사기관이 변사 또는 변사의 의심이 있는 사체의 외부를 검사하여 사인(死因)을 판정하는 일을 말한다. '검시'를 '验尸'로 번역한 사전도 있으나, '验尸'는 사인(死因) 등을 규명하기 위해 시체를 해부·검사하는 '부검'을 의미한다.
6) '수사'는 '侦查'로 통역함이 정확하나, 한국 경찰조직의 고유명사는 한자어 그대로 '捜査'로 표기하였다.
7) 공연음란죄는 공공연하게 음란한 행위를 하는 죄이다. 중국은 '治安管理处罚法(한국의 경범죄처벌법과 유사)' 제44조에 의하여, 공공장소에서 고의로 알몸을 드러내는 행위 등을 처벌(5일 이상 10일 이하 구류)하고 있다. 참고로 중국 형법 제301조(聚众淫乱罪)는 남녀 여러 명의 집단음란행위를 처벌하는 규정(집단성매매와 유사)으로, 한국의 공연음란죄와 다른 개념이다.
8) 관공서에서 사용하는 서류를 뜻한다. 따라서 '公用'이 아니라 '公务'로 번역하였다.
9) '공판'이란 공소가 제기되어 사건이 법원에 계속된 이후 소송이 종결된 때까지의 절차를 뜻한다. 일부 중국어사전에서 공판을 '公判'으로 번역하고 있으나, '公判'은 '公开宣判'의 줄임말로 공개적으로 판결을 선고하는 것을 의미한다.
10) 2천 원 이상 5만 원 미만으로 과해지는 재산형이다. 중국 형사소송법은 '과료'와 '벌금'를 구분하지 않고 모두 '罚款'으로 표현한다.
11) 끈과 같은 도구를 이용하여 목을 졸라 죽이는 것을 말한다.
12) '구속'은 중국 형사소송법의 가장 엄중한 대인적 강제처분인 '逮捕'로 번역하는 것이 적절하다.
13) 중국 형사소송법상 정식 명칭은 '逮捕证'이지만, 일반적으로 '逮捕令'이라고 표현하는 경우가 많다.
14) 중국은 영장주의를 채택하고 있지 않다. 한국과 달리 구속영장은 경찰의 청구에 의하여 검찰이 발부한다. 따라서 한국처럼 구속영장의 '신청'과 '청구'를 구분할 필요가 없다.
15) 지문은 모양에 따라 크게 궁상문, 제상문, 와상문으로 분류된다. 궁상문은 활 모양처럼

생긴 지문을 말한다.

16) 한국과 마찬가지로 중국 형사소송법에도 '기피', '제척', '회피' 제도가 있다. 다만 용어에 있어서는 '回避'를 중심으로, 당사자의 신청에 의한 것인지(기피 ; 申请回避), 직권에 의한 것인지(제척 ; 职权回避, 決定回避), 자발적인 것인지(회피 ; 自行回避, 主动回避)에 따라 다르게 표현하고 있다.

17) 한국의 '내사'와 정확히 일치하는 중국제도는 없다. 다만 중국은 '초사(初査)'라는 제도가 있는데, 검찰이 공무원의 직무범죄를 입건하기 전에 스스로 발견하거나 고소, 고발 등 단서를 통해 진행하는 비밀조사활동을 말한다. 내사와 초사 모두 입건 전에 이루어지는 수사기관의 활동이라는 점에서 유사하지만, 초사의 주체는 검찰로 제한되며 대상도 공무원의 직무범죄로 한정되는 등 여러 면에서 서로 차이가 있다.

18) 정식명칭은 GHB(gamma hydroxy butyrate)이다. 신종 마약으로 물이나 술 등에 타서 마셔 '물 같은 히로뽕'이라는 뜻의 '물뽕'으로 많이 불린다.

19) '放火'와 '纵火'는 같은 의미지만, 중국 형사절차에서는 '放火'만 사용한다. '纵火'는 법률 용어가 아니다.

20) 뒤에서 받쳐 주는 세력이나 사람을 속되게 이르는 말이다. '背景'이라고도 할 수 있다.

21) 국어사전에 의하면 '백미러'란 '뒤쪽을 보기 위하여 자동차나 자전거 따위에 붙인 거울'을 의미한다. 따라서 백미러는 룸미러(차량 내부에 장착한 거울)와 사이드미러(차량 외부에 장착한 거울)를 포함하는 개념이다.

22) 일반적으로 '保证人'은 형사재판에서 법원이 정한 날짜와 장소에 피고인의 출석을 보증하는 사람을 말하고, '担保人'은 채권자에게 채무자의 채무상환을 보증하는 제3자를 말한다.

23) '사건송치'는 경찰에서 수사가 끝난 사건을 관할 지방검찰청에 넘기는 것을 의미하고, '사건이송'은 관할위반의 형사사건을 관할 사법기관에 넘기는 것을 의미한다. 중국어 '移送'은 대등한 부서로, '移交'는 관할권이 있는 부서로 각각 넘기는 것을 말한다. 중국의 공안과 검찰은 대등한 수평관계이기 때문에, 중국 형사소송법(제162조)은 공안이 수사종결한 사건을 검찰에 넘기는 것을 '移送'이라 표현한다. 그러나 일반적으로는 '移送'과 '移交'를 구분하지 않고 혼용하여 사용하고 있다.

24) 항소심의 판결, 즉 제2심 판결에 대한 불복신청을 의미한다. 한국의 3심제와 달리 중국은 2심제를 채택하고 있기 때문에, '상고'에 상응하는 정확한 중국어 표현은 없다.

25) 재판이 확정되기 전에 상급법원에 취소·변경을 구하는 불복신청을 의미한다. 중국 형사소송법은 당사자(피고인, 법정대리인 등)가 제1심 판결에 대하여 불복신청하는 것을 '上诉'라고 한다.

26) 여기에서 '수당'이란 보이스피싱 등의 범죄에서 인출금액 또는 송금금액의 일부를 수고비 명목으로 받는 돈을 지칭한다. 원래 '수당'의 의미는 정해진 봉급 이외에 따로 주는 보수로 '津贴'로 번역된다.

27) 중국 형사소송법에서 '讯问'의 대상은 피의자 또는 피고인이며, '询问'의 대상은 증인, 피해자 등이다.

28) 휴대폰 고유 식별번호를 말한다.

29) 손으로 목을 졸라 죽이는 것을 말한다.

30) 달팽이 모양처럼 생긴 지문을 말한다.

31) 경찰서 유치장에 입감하기 전, 옷을 입은 채로 겉옷 위를 두드리며 위험물을 점검하는 검사

를 말한다.

32) 성인이 금전이나 기타 편의를 제공하는 대가로 청소년을 성행위의 대상으로 삼는 행위를 말한다. 일본에서 건너온 말로 현재 '청소년성매매'로 대체되었다.

33) 한국의 유치장은 경찰서 내부에 설치되어 있으며 피의자 등을 최장 10일 구금할 수 있다. 중국의 '留置室'은 일반적으로 파출소 내부에 설치되어 있으며, 피의자를 24시간(최장 48시간) 동안 구금할 수 있다. 중국의 '拘留所'는 주로 경찰서 밖 건물에 따로 설치되어 있으며, 구류처분받은 자를 15일(최장 20일) 동안 구금할 수 있다.

34) 중국 형벌 중 자격형은 '剥夺政治权利'가 있다. '剥夺政治权利'는 범죄인이 국가관리와 정치활동에 참여하는 권리를 박탈하는 형벌이다. 기간은 일반적으로 1년 이상 5년 이하이지만, 사형·무기징역을 선고받은 경우 평생 그 정치권리를 박탈한다(중국 형법 제54조~제58조).

35) '自首'란 범죄를 저지른 후 스스로 수사기관에 신고하여 자신의 범행을 사실대로 진술하는 행위를 말한다. '投案'도 일반적으로 자수로 해석할 수 있으나, 엄밀히 말하자면 '投案'는 자수의 조건 중의 하나로, 범인이 스스로 수사기관에 자신의 범행을 신고하더라도 사실대로 진술하지 않는다면 자수에 해당하지 않는다.

36) 중국어 '裁判'은 일반적으로 스포츠 경기의 '심판'을 의미한다.

37) 주로 '호신용'을 의미한다. 경찰이 사용하는 테이저건은 '泰瑟枪' 또는 '电击枪'이라고 한다.

38) 경찰서 유치장에 입감하기 전, 속옷까지 벗고 가운을 입은 상태에서 신체 곳곳을 확인하는 검사를 말한다.

39) 말발굽 모양처럼 생긴 지문을 말한다.

40) 중국의 신분증번호(公民身份证号码)는 한국의 주민등록번호에 해당된다. 중국의 신분증번호는 총 18자리로, 지역번호+생년월일+신고번호+성별+검증번호 등으로 구성된다.

41) '지구대'는 중국에 없는 한국의 경찰조직으로, '地区队'보다는 '派出所'로 통역해야 이해하기 쉬울 것이다.

42) 수사기관은 수사에 필요한 때에는 피의자가 아닌 제3자의 출석을 요구하여 그 진술을 들을 수 있다. 이때 피의자가 아닌 제3자를 '참고인'이라고 한다. 중국 형사소송법은 참고인과 증인을 구분하지 않고 모두 '证人'이라 표현하고, '参考人'이라는 용어는 사용하지 않는다. 참고인의 성격에 따라 '目击证人', '专家证人' 등으로 표현한다.

43) 국내 대부분의 중국어 사전은 '체포'를 '逮捕'로 번역하고 있다. 그러나 중국 형사소송법에서 '逮捕'는 대인적 강제처분 중 신체 자유를 장기간 박탈하는 가장 엄중한 강제조치로 한국 형사소송법의 '구속'에 해당한다고 볼 수 있다. 한편 중국 형사소송법에서 '拘留'는 긴급한 경우 현행범 또는 중요피의자의 신체 자유를 단기간 제한하는 대인적 강제처분으로, '拘留' 이후 구속할 필요가 있을 경우 인민검찰원의 승인을 받아야 한다는 점에서 한국 형사소송법의 '체포'와 유사하다고 할 수 있다.

44) '치안센터'는 중국에 없는 한국의 민원상담전용 경찰조직으로, '지구대'와 마찬가지로 '派出所'로 중국인에게 통역해야 이해하기 쉬울 것이다.

45) 중국 형사소송법은 '讯问'과 '询问'을 그 대상에 따라 구별하여 사용한다. 즉 '讯问'의 대상은 피의자만 해당되고, '询问'의 대상은 피해자와 참고인 등 피의자 아닌 자가 해당된다. 따라서, '讯问笔录'는 피의자신문조서만을 지칭하므로 '犯罪嫌疑人讯问笔录'라고 통역할 필요는 없다.

46) '钓鱼执法'라고도 한다.

47) 제1심 법원의 판결에 대하여 제2심 법원에 하는 불복신청을 말한다. 한국과 달리 중국 형사소송법은 인민검찰원이 제1심 판결에 대하여 불복신청하는 것을 '抗诉'라고 한다.

48) 혼인을 빙자하거나 기타 위계로써 음행의 상습없는 부녀를 기망하여 간음한 자에 대해 처벌하는 죄로 한국 형법 304조에 규정되어 있었다. 2009년 11월 26일 헌법재판소는 이 규정이 성적 자기결정권 및 사생활의 비밀과 자유를 침해하여 헌법에 위반된다고 위헌결 정을 하였고, 2012년 12월 18일 형법에서 삭제되었다.

陈光中，『刑事诉讼法』(第五版)，北京大学出版社·高等教育出版社，2013.

樊崇义，『刑事诉讼法学』(第三版)，法律出版社，2013.

金昌俊，『韩国刑法总论』，社会科学文献出版社，2016.

金日秀、徐辅鹤，『韩国刑法总论（第11版）』，武汉大学出版社，2008.

王舜华，『现代实用刑事法律词典』，北京出版社，1990.

曾庆敏，『刑事法律词典』，上海辞书出版社，1992.

저자약력

박지성(daedong007@naver.com)

경찰대학 법학과 졸업
중국해양대학 법학원 졸업(법학석사)
동아대학교 일반대학원 법학과 졸업(법학박사)
중앙공무원교육원 중국어심화과정 수료
중국형사경찰학원 한국경찰연수과정 수료
관광통역안내사(중국어), FLEX(중국어) 1A등급 취득
부산경찰청 통역요원, BBB코리아 통역봉사자
경찰서 형사반장, 조사반장, 여성청소년과장 등 역임
(현) 부산경찰청 112치안종합상황실 관리계장

연구실적

『중국어 사법통역 이론과 사례』, 박영사, 2019.
"중국 형사법상 경제범죄 사형폐지 방안에 대한 고찰", 중국법연구 제23집, 한중법학회, 2015. 6.
"중국 수사절차상 진술거부권에 관한 고찰", 중국법연구 제26집, 한중법학회, 2016. 5.
"중국 검경관계가 한국 수사권 조정에 주는 시사점", 경찰학연구 제17권 제3호, 경찰대학, 2017. 9.
"중국 수사절차상 피의자권리의 문제점과 개선방안", 동아법학 제79호, 동아대학교 법학연구소, 2018. 5.
"중국 형사절차상 예심제도와 그 시사점에 관한 연구", 경찰학연구 제18권 제2호, 경찰대학, 2018. 6.
"중국식 플리바게닝 제도에 관한 연구", 법학논총 제25집 제2호, 조선대학교 법학연구원, 2018. 8.
"중국 경찰의 총기사용 규정에 관한 연구", 치안정책연구 제32권 제2호, 경찰대학 치안정책연구소, 2018. 10.

한중 형사법률용어사전

초판발행	2021년 5월 31일
지은이	박지성
펴낸이	안종만 · 안상준
편 집	윤혜경
기획/마케팅	이영조
표지디자인	박현정
제 작	고철민 · 조영환
펴낸곳	(주) **박영사**
	서울특별시 금천구 가산디지털2로 53, 210호(가산동, 한라시그마밸리)
	등록 1959. 3. 11. 제300-1959-1호(倫)
전 화	02)733-6771
f a x	02)736-4818
e-mail	pys@pybook.co.kr
homepage	www.pybook.co.kr
ISBN	979-11-303-3924-5 93360

정 가   16,000원